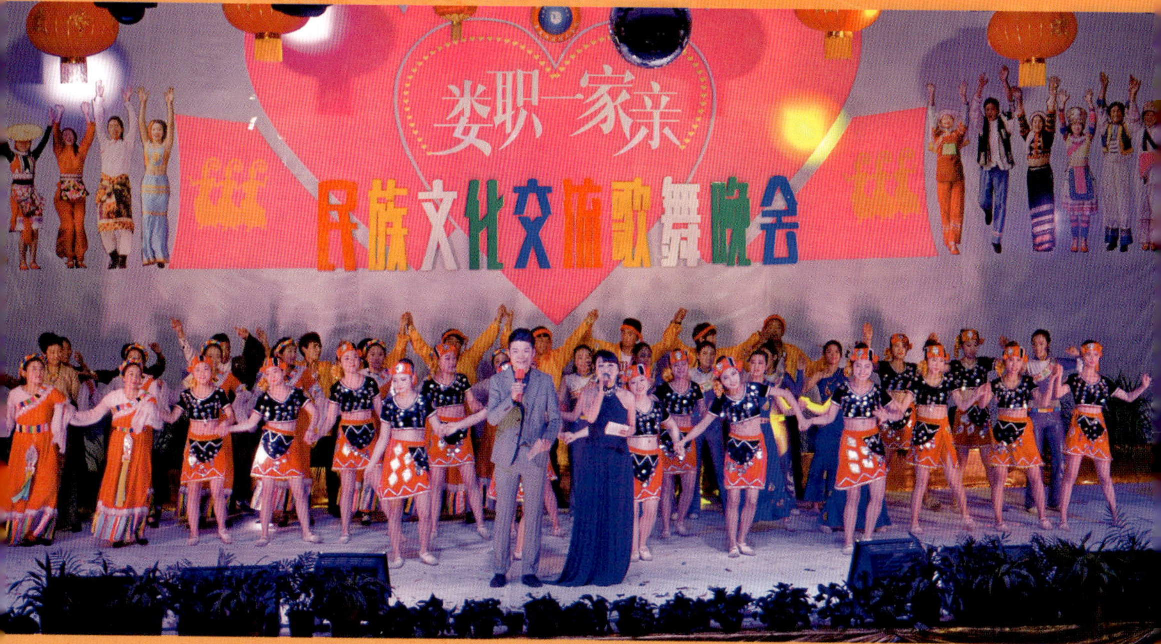
娄职一家亲
民族文化交流歌舞晚会

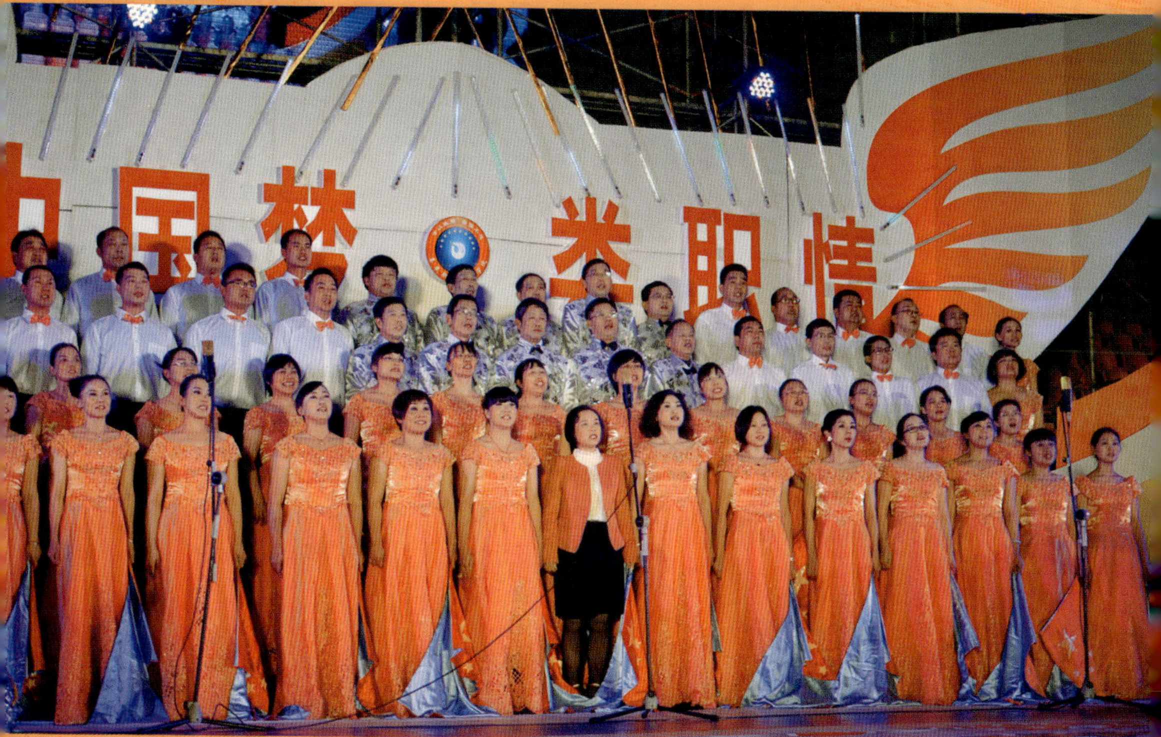
国梦
娄职情

起航

大学生活指南

李文莲 主 编
李规 邱玉贵 肖靓 副主编

中国轻工业出版社

图书在版编目（CIP）数据

起航：大学生活指南 / 李文莲主编. —北京：中国轻工业出版社，2022.7

ISBN 978-7-5184-1476-5

Ⅰ.①起… Ⅱ.①李… Ⅲ.①大学生－学生生活－指南 Ⅳ.①G645.5-62

中国版本图书馆CIP数据核字（2017）第169441号

责任编辑：张文佳　　责任终审：劳国强
整体设计：锋尚设计　　责任校对：晋　洁　　责任监印：张　可

出版发行：中国轻工业出版社（北京东长安街6号，邮编：100740）
印　　刷：三河市万龙印装有限公司
经　　销：各地新华书店
版　　次：2022年7月第1版第7次印刷
开　　本：720×1000　1/16　印张：14.75
字　　数：280千字　插页：4
书　　号：ISBN 978-7-5184-1476-5　定价：42.80元

邮购电话：010-65241695
发行电话：010-85119835　传真：85113293
网　　址：http://www.chlip.com.cn
Email：club@chlip.com.cn

如发现图书残缺请与我社邮购联系调换

220954J2C107ZBW

前言
Foreword

  十年树木，百年树人；千帆竞发，万众创新。我们赶上了一个伟大的时代，"中国制造2025""一带一路"创新驱动等国家战略一方面需要大批高精尖优秀人才，另一方面需要数以亿计的高素质技术技能型人才。当前，国家把职业教育摆在更加突出的位置，正在加快发展现代职业教育。高等职业教育发展的春天为高职院校的创新发展和人才培养带来了新的机遇。

  选择高等职业教育，意味着选择成长成才与就业创业两不误。三年的大学生活是人生承上启下的关键时期，是扬帆起航前的重要阶段，是步入社会实践的准备期。为引导大学生们科学规划学习生活、准确定位人生航向、扎实练好专业技能、全面提升思想道德素质，我们精心编写了《起航——大学生活指南》。全书共四个篇章，即校园认知、学习导航、行为规范和生活指南。主要从认知学校、部门介绍、专业引导、学习指导、职业规划、礼仪文明、行为规范、身心健康、服务指南等方面为学生健康成长打开一扇窗，引领学生全面发展。

  全书具有以下三个特点：一是实用性。全书涉及大学生活服务的各个领域，是大学生活导师，引导学生认识校园，感受大学校园的宁静、精致与睿智。二是教育性。全书坚持立德树人的思想主线，"一切为了学生，为了学生的一切。"注重把日常生活服务与学生素质养成融为一体，着力培养学生健全的人格、高尚的灵魂和自强不息的精神。三是时代性。全书紧扣时代脉搏，突出学生创新创业能力的指导，旨在引领学生珍惜学习时间，学好知识，练好技能，成就梦想。

"学以致用，自强不息。"这是娄职人用智慧与心血铸就的精神财富，所有娄职人都应该铭记在心并用自己的行动去努力践行。《起航——大学生活指南》是全校各部门、各单位共同努力的智慧结晶，也是全校教职工的爱心一片，希望能给同学们提供一些帮助和启发。"长风破浪会有时，直挂云帆济沧海。"起航吧，梦想属于敢于搏击风浪的奋斗者与追求者！

李文莲

2017年6月

目 录
Contents

第一章 校园认知

第一节　学校简介 …………………………………………… 3
第二节　学校章程 …………………………………………… 5
第三节　学校校训、校徽、校歌 …………………………… 25
第四节　学校内设机构介绍 ………………………………… 29
第五节　大学里的学生组织 ………………………………… 37

第二章 学习导航

第一节　职业生涯规划 ……………………………………… 43
第二节　学习指导 …………………………………………… 48
第三节　文明礼仪学习 ……………………………………… 59

第三章 规章制度

第一节　娄底职业技术学院大学生守则 …………………… 67

第二节	娄底职业技术学院学生管理规定	69
第三节	娄底职业技术学院学生学籍管理实施细则	77
第四节	娄底职业技术学院学生奖励办法	87
第五节	娄底职业技术学院助学金管理办法	92
第六节	娄底职业技术学院学生违纪处理办法	99
第七节	娄底职业技术学院课程考核管理规范	111
第八节	娄底职业技术学院学生公寓管理制度	128
第九节	娄底职业技术学院学生集会制度	137
第十节	娄底职业技术学院学生集体外出活动管理制度	139
第十一节	娄底职业技术学院学生考勤制度	142
第十二节	娄底职业技术学院学生勤工助学管理办法	144
第十三节	娄底职业技术学院学生证和乘车优惠卡管理办法	147
第十四节	娄底职业技术学院学生档案管理办法	149
第十五节	高等学校毕业生学费和国家助学贷款代偿暂行办法	153
第十六节	高等学校学生应征入伍服义务兵役国家资助办法	158
第十七节	高等学校校园秩序管理若干规定	165
第十八节	学生伤害事故处理办法	169
第十九节	学生管理其他规章制度	177

第四章 生活服务

第一节	"校园一卡通"服务	181
第二节	后勤服务	183
第三节	网络服务	187
第四节	图书馆服务	189

目录

第五节	教育阳光平台服务	198
第六节	就业创业服务	200
第七节	心理健康服务	206
第八节	校园安全服务	213
第九节	大学生应征入伍服务	218
第十节	学生办事指南	221
第十一节	学生事务大厅	226
第十二节	常用网址、微信公众平台	228

第一章

校园认知

第一节 学校简介

娄底职业技术学院是 2001 年 8 月经省人民政府批准、娄底市人民政府举办的全日制普通高等学校，占地 900 余亩，拥有 2 个校区，现有在职在编教职工 1104 人，教授及正高级 53 人，副教授及副高级 337 人，全日制大中专学生 19245 人，办学规模位居全省前列。开设有 47 个专业，其中国家骨干专业 1 个，国家提升专业服务产业发展能力专业 2 个，省级一流特色专业群 2 个，省级精品专业 11 个，省级教学资源库 2 个。

学校是国家乡村振兴人才培养优质校、全国民族团结进步模范集体、全国职业院校魅力校园；教育部人才培养工作水平评估优秀院校、第三批现代学徒制试点单位、第二批 1+X 证书制度试点院校；湖南省示范性高职院校、文明高等学校、高技能人才培训基地基础能力建设单位、第二批社会主义核心价值观建设示范点、大学生心理健康教育先进单位、双创示范基地、新型职业农民培育基地、对外劳务特色培训基地、现代农业技术培训基地、现代大学制度建设先进高校。中国科教评价网与中国科教评价研究院、中国科学评价研究中心发布的 2021—2022 年中国高职高专院校竞争力排行榜显示，在全国参评的 1488 所高职专科院校中居第 174 位，在湖南省 75 所高职高专院校中居第 10 位。

学校致力于"产教融合、校企合作、工学结合、协同育人"的人才培养模式创新，坚持"教、学、做合一"，建立"教室、车间合一""学生、学徒合一""做中学、做中教、做中考"的教学模式，形成了"课证相融、训赛相通、教学相长"的实践教学机制。先后与全国近 400

家大中型企业开展校企合作,订单式培养,学生入学即意味着就业,毕业后学校负责推荐工作。近年来,学生参加省级以上技能竞赛,获国家级一等奖3项,二等奖4项,三等奖5项;获省级特等奖2项,一等奖18项,二等奖68项,三等奖100项。毕业生动手能力强,综合素质高,就业竞争力强,受到用人单位欢迎。

学校坐落于湖南省重要交通枢纽娄底市的中心城区,交通便捷,地理位置优越,有多条高速公路、高铁和铁路在市区交汇,为莘莘学子求学提供了便利。

第二节 学校章程

序 言

娄底职业技术学院是一所公办全日制普通高等职业学院,溯源于1957年成立的邵阳专区农业合作干部学校,2001年由原省部级重点中专娄底经济贸易学校和娄底工业学校合并升格组建而成,2007年原国家重点中专娄底机电工程学校并入学院。2016年,省部级重点中专、省示范性中职学校娄底卫生学校整合到学院。

建院以来,学院紧贴娄底实际,服务地方经济社会发展,坚持走产教融合、校企合作、工学结合、内涵发展、提高质量的办学道路,形成了政府主导、学院主体、企业参与、行业支持的多元联动办学机制,为社会培养德智体美全面发展的高素质技术技能专门人才。2008年成为湖南省示范性高职院校。

学院秉持"学以致用、自强不息"的院训,以社会主义核心价值观为引领,大力弘扬爱国敬业、尚德坚韧、追求卓越的学院精神,努力建成国内一流的高水平地方高等职业技术学院。

第一章 总 则

第一条 为完善学院治理结构,规范办学行为,实现依法治校,依据《中华人民共和国教育法》《中华人民共和国高等教育法》《中华人民共和国职业教育法》等法律法规，结合学院实际，制定本章程。

第二条　学院名称为娄底职业技术学院，简称娄底职院；英文译名为 Loudi Vocational and Technical College，英文缩写 LDVTC。学院网址为 http://www.ldzy.com。

第三条　学院住所为湖南省娄底市娄星区月塘街 727 号。经举办者批准，学院视需要可设立校区和调整校址。

第四条　学院由娄底市人民政府举办，业务由湖南省教育厅主管，是具有独立法人资格的非营利性事业单位。学院独立承担法律责任，依法享有办学自主权。院长为学院的法定代表人。

第五条　学院举办者依法对学院进行指导和监督，审核学院章程，任免学院负责人，尊重和保障学院的独立事业单位法人地位和办学自主权，为学院提供办学资源，保证稳定的办学经费来源，保障学院事务不受校外组织、机构和人员非法干涉。

第六条　学院全面贯彻党和国家的教育方针，坚持社会主义办学方向，坚持教育为社会主义现代化建设服务，与生产劳动和社会实践相结合，坚持立足娄底，服务地方，为地方区域经济社会发展提供人才支撑和智力支持。

第七条　学院实行中国共产党娄底职业技术学院委员会（以下简称"学院党委"）领导下的院长负责制，实施教授治学，推进民主管理，实行院务公开和信息公开。

第二章　学院功能和教育形式

第八条　学院以人才培养为根本任务，履行教育教学、科学研究、社会服务和文化传承创新的基本职能。

第九条 学院坚持育人为本，突出教学中心地位，深化教育教学改革，严格教学过程监控与管理，建立健全教学质量保障体系，确保人才培养质量。

第十条 学院遵循高等职业教育规律，主动适应区域经济和社会发展需要，依法设置和调整专业，加快专业改革与建设，基本形成了与娄底现代产业体系建设紧密对接的装备制造、资源、农林、土建、电子信息、财经、旅游等特色专业群。

第十一条 学院注重教育教学研究和应用研究，开展协同创新，积极推行产学研结合，推动学术进步和科技创新、成果转化，服务社会。

第十二条 学院依法保障学术自由，依据国家有关知识产权的法律法规，建立保护师生员工知识产权的制度。

第十三条 学院发挥专业特色和人才培养优势，为地方和企事业单位提供职业教育和继续教育，提升在职人员素质，服务区域经济社会发展。

第十四条 学院以社会主义核心价值观为引领，加强精神文明建设，培育科学精神和人文精神，弘扬娄底文化精髓，推进中华优秀传统文化和社会主义先进文化的传承与创新。

第十五条 学院开展学历教育和非学历教育。学历教育以专科层次高等职业技术教育为主，中等职业技术教育为辅，逐步创造条件开办本科层次教育；非学历教育，主要指开展继续教育、岗位培训和技术培训，努力形成职业资格认证与学历教育融通的多形式、多规格、多层次的办学形式。

学院依法颁发学历证书。

第十六条 学院积极开展国际合作与交流，促进教育国际化。

第三章 学生

第十七条 学生是指学院依法录取、取得入学资格、具有本校学籍、接受学历教育的受教育者。学生是学院教育教学的主体。

第十八条 学生依法享有下列权利：

（一）参加学院人才培养方案安排的各项活动，使用学院提供的教育教学资源；

（二）参加实习实训、技能大赛、社会服务、勤工助学，在校内组织、参加学生团体及文娱体育等活动；

（三）按国家及学院规定的标准和程序申请奖学金、助学金及助学贷款；

（四）在思想品德、学业成绩等方面获得公正评价，完成规定的学业后获得相应的学业证书；

（五）知悉学院改革、建设和发展及其他涉及学生个人切身利益的事项；

（六）参与学院民主管理，对学院发展和教育教学改革提出意见和建议；

（七）对学院给予的处分或处理有异议，向学院或教育行政部门提出申诉；对学院、教职工侵犯其人身权、财产权等合法权益，提出申诉或者依法提起诉讼；

（八）法律法规和学院规章规定的其他权利。

第十九条 学生依法履行下列义务：

（一）遵守宪法、法律法规、学生行为规范和学院各项规章制度；

（二）尊敬师长，团结同学，养成良好的思想品德和行为习惯；

（三）努力学习，刻苦钻研，完成学院规定的学业；

（四）参加学院人才培养方案规定的各项教育教学和社会实践活动；

（五）珍惜和维护学院名誉，维护学院利益；

（六）按规定缴纳学费及有关费用；

（七）爱护并合理使用教学设备和生活设施；

（八）法律法规和学院规章规定的其他义务。

第二十条 学院关心在学习和生活中遇到特殊困难的学生，设立奖、助、贷、免、勤、补等资助项目，采取多种措施保证学生健康成长。

第二十一条 学院为学生提供心理健康教育、咨询，就业、创业指导与推荐等服务。

第二十二条 学院对取得突出成绩和为学院争得荣誉的学生集体或个人给予表彰和奖励。对违法、违规、违纪学生给予批评教育或纪律处分。

第二十三条 学院依据法律、法规及规章建立健全学生权利保护机制，规范学生申诉处理程序，维护学生的合法权益。

第二十四条 学员是指按照规定在学院注册但没有学籍的接受非学历教育的受教育者。学员入学应当与学院签订教育服务协议。学员按照国家和学院有关规定或者教育服务协议的约定，享有相应的权利和履行相应的义务。学院按照有关规定发给学员相应的结业证书或学习证明。

第四章 教职工

第二十五条 学院教职工由教师、其他专业技术人员、管理人员和工勤人员组成。教师是学院办学的主体。

第二十六条 教职工享有下列权利：

（一）依法进行教育教学活动，开展教育教学改革、科学研究、学术交流和社会服务，按工作职责使用学院的公共资源；

（二）在职务（职称）聘任、工资福利待遇等方面获得公正对待，在德、能、勤、绩、廉等方面获得公正评价，公平获得各级各类奖励及各种荣誉称号（非在编人员按相关劳动合同执行）；

（三）知悉学院改革发展和事关切身利益的重大事项与重大决策，参与学院的民主管理，对学院工作提出意见和建议；

（四）公平获得自身发展所需的相应工作机会和条件，参加进修或者其他方式的培训；

（五）对职务（职称）、工资福利待遇、评奖评优、纪律处分等事项表达异议和提出申诉；

（六）法律法规和学院规章规定及聘约约定的其他权利。

第二十七条 教职工应当履行下列义务：

（一）忠诚党的职教事业，遵守宪法、法律、法规和规章；

（二）爱岗敬业，勤勉工作，认真履行岗位职责；

（三）遵守学术道德规范，恪守教师职业道德；

（四）关心、尊重和爱护学生；

（五）维护学院声誉和利益，未经学院批准，不得在外兼职；

（六）法律法规和学院规章规定及聘约约定的其他义务。

第二十八条 学院根据事业发展需要合理确定教职工总量，科学合理设置工作岗位类别和等级。

学院根据教学和科学研究的需要，设置教师岗位和其他专业技术岗位。教师职务设助教、讲师、副教授、教授。其他专业技术人员的职务，按照其相应系列的职务标准设置。

学院按照岗位要求，遵循双向选择、公平竞聘、择优上岗原则，由学院法定代表人或委托代理人与受聘人员签订聘用合同。

第二十九条 学院实行岗位聘用制度。

（一）对教师实行教师资格认定、教师职务聘任和岗位聘用制度。

（二）对其他专业技术人员实行职业资格准入制和专业技术岗位聘用制度。

（三）对管理人员实行职员岗位聘用制度。

（四）对工勤人员实行工勤技能岗位聘用制度。

（五）对非在编人员实行劳动合同制。

第三十条 学院实行教职工实岗实责实考核制。考核分年度考核和聘期考核。年度考核结果作为薪级工资调整、岗位变动、奖惩或解聘的重要依据，聘期考核结果作为其续聘、岗位调整、解聘的依据。

第三十一条 学院建立健全教职工发展制度，建立和完善教职工培训体系，为教职工适应职业发展要求提供服务。

学院建立与学院发展水平相适应的教职工福利待遇制度，不断提高教职工福利待遇。

学院建立完善教职工休假制度和退休制度，关心离退休教职工的生活。

第三十二条 学院建立教职工权益保护机制，维护教职工合法权益。

学院设立教职工申诉处理委员会，受理和处理教职工提出的申诉，保护教职工申辩和申诉权利。

第三十三条 在学院从事教学、科研、进修、交流活动或者接受培训、在职学习等教育的其他人员，依据法律法规和学院规定及合同约定，享受相应的权利，履行相应的义务。

第五章　管理机制与组织机构

第三十四条　学院党委是学院的领导核心，履行党章等规定的各项职责，把握学院发展方向，决定学院重大问题，监督学院重大决议执行，支持院长按照有关法律法规积极主动、独立负责地行使职权，保证以人才培养为中心的各项工作任务的完成。

学院党委的职责主要有：

（一）全面贯彻执行党的路线方针政策，贯彻执行党的教育方针，坚持社会主义办学方向，坚持立德树人，依法治校，依靠全院师生员工推动学院科学发展，培养德智体美全面发展的中国特色社会主义事业合格建设者和可靠接班人。

（二）讨论决定事关学院改革发展稳定及教学、科研、行政管理中的重大事项和基本管理制度。

（三）坚持党管干部原则，按照干部管理权限负责干部的选拔、教育、培养、考核和监督，讨论决定学院内部组织机构的设置及其负责人的人选，依照有关程序推荐院级领导干部和后备干部人选。做好老干部工作。

（四）坚持党管人才原则，讨论决定学院人才工作规划和重大人才政策，创新人才工作体制机制，优化人才成长环境，统筹推进学院各类人才队伍建设。

（五）领导学院思想政治工作和德育工作，坚持用中国特色社会主义理论体系武装师生员工头脑，培育和践行社会主义核心价值观，牢牢掌握学院意识形态工作的领导权、管理权、话语权。维护学院安全稳定，促进和谐校园建设。

（六）加强文化建设，发挥文化育人作用，培育良好院风学风教风。

（七）加强对基层党组织的领导，做好发展党员和党员教育、管理、服务工作，发展党内基层民主，充分发挥基层党组织的战斗堡垒作用和党员的先锋模范作用。加强学院党委自身建设。

（八）领导学院党的纪律检查工作，落实党风廉政建设主体责任，推进惩治和预防腐败体系建设。

（九）领导学院工会、共青团、学生会等群众组织和教职工代表大会。做好统一战线工作。

（十）讨论决定其他事关师生员工切身利益的重要事项。

第三十五条 党委书记主持学院党委的全面工作，负责组织党委重要活动，协调党委领导班子成员的工作，支持党委班子成员按照分工履行职责，督促检查党委决议的贯彻落实情况，主动协调党委和院长之间的工作关系，支持院长开展工作。

党委副书记、纪委书记、党委委员按照分工开展工作。

第三十六条 学院党委坚持民主集中制原则，实行集体领导、民主决策。凡属重大问题都要按照集体领导、民主集中、个别酝酿、会议决定的原则，经由党委会集体讨论，做出决定。

《中国共产党娄底职业技术学院委员会会议制度和议事规则》另行制定。

第三十七条 中国共产党娄底职业技术学院纪律检查委员会由党员代表大会选举产生，是学院的党内监督机构，在学院党委和上级纪委的领导下，围绕学院中心工作，检查党的路线方针政策、决议的执行情况，监督学院权力运行，检查、处理违反党章和其他党内法规的案件，受理党员的控告和申诉，开展党纪和廉政教育，承担党风廉政建设监督责任，保障和促进学院各项事业健康发展。

第三十八条 院长是学院行政主要负责人，在党委的领导下，贯彻党的教育方针，组织实施党委有关决议，全面负责教学、科研和其他行政管理工作。主要行使下列职权：

（一）组织拟订和实施学院发展规划、基本管理制度、重要行政规章制度、重大教学科研改革措施、重要办学资源配置方案。组织制定和实施具体规章制度、年度工作计划。

（二）组织拟订和实施学院内部组织机构的设置方案。按照国家法律和干部选拔任用工作有关规定，推荐副院长人选，任免内部组织机构的负责人。

（三）组织拟订和实施学院人才发展规划、重要人才政策和重大人才工程计划。负责教师队伍建设，依据有关规定聘任与解聘教师以及内部其他工作人员。

（四）组织拟订和实施学院重大基本建设、年度经费预算等方案。加强财务管理和审计监督，管理和保护学院资产。

（五）组织开展教学活动和科学研究，创新人才培养机制，提高人才培养质量，推进文化传承创新，服务国家和地方经济社会发展，把学院办出特色、争创一流。

（六）组织开展思想品德教育，负责学生学籍管理并实施奖励或处分，开展招生和就业工作。

（七）做好学院安全稳定和后勤保障工作。

（八）组织开展学院对外交流与合作，依法代表学院与各级政府、社会各界和境外机构等签署合作协议，接受社会捐赠。

（九）向党委报告重大决议执行情况，向教职工代表大会报告工作，组织处理教职工代表大会、学生代表大会、工会会员代表大会和团员代表大会有关行政工作的提案。支持学院各级党组织、民主党派基层组织、群众组织和学术组织开展工作。

（十）履行法律法规和学院章程规定的其他职权。

学院设副院长若干人，按照分工协助院长开展工作。

第三十九条 院长办公会议是学院行政议事决策机构,主要研究提出拟由党委讨论决定的重要事项方案,具体部署落实党委决议的有关措施,研究处理教学、科研及行政管理工作。

《娄底职业技术学院院长办公会议制度和议事规则》另行制定。

第四十条 学院设立学术委员会。学术委员会是院内最高学术机构,统筹行使学术事务的决策、审议、评定、咨询等职权。其主要职权是:

(一)学院计划实施的与学术相关的事务,在提交党委会、院长办公会议讨论之前先提交学术委员会或其专门咨询委员会审议;

(二)涉及教学科研成果及奖励等学术水平评价的,先由学术委员会或其专门咨询委员会组织评定。

(三)按照学院委托,受理有关学术不端行为的举报并进行调查,裁决学术纠纷。

根据工作需要,学术委员会可以就专业建设、科学研究、师资队伍建设、校企合作等事项设立若干专门咨询委员会,具体承担相关职责和学术事务。

学术委员会委员实行定额席位制,为保证委员具有广泛的专业代表性和公平性,委员的产生,经自下而上的民主推荐、公开公正的遴选等方式产生候选人,由民主选举等程序确定。拟任人选经院长办公会议审议通过后,由院长正式聘任。特邀委员由院长、学术委员会主任委员或者1/3以上学术委员会委员提名,经学术委员会同意后确定。

学院实行院、系(部、二级学院)两级学术委员会制度。

《娄底职业技术学院学术委员会章程》另行制定。

第四十一条 学院成立教学工作委员会。教学工作委员会负责讨论、研究、决定教学工作中的重要问题。

《教学工作委员会工作条例》另行制定。

第四十二条 学院成立学生工作委员会。学生工作委员会负责讨论、研究、决定学生工作中的重要问题。

《学生工作委员会工作条例》另行制定。

第四十三条 学院教职工代表大会是教职工依法行使权利，参与学院民主管理和监督的基本组织形式，主要职权是：

（一）听取学院章程草案的制定和修订情况报告，提出修改意见和建议；

（二）听取学院发展规划、教职工队伍建设、教育教学改革、校园建设以及其他重大改革和重大问题解决方案的报告，提出意见和建议；

（三）听取学院年度工作、财务工作、工会工作报告以及其他专项工作报告，提出意见和建议；

（四）讨论通过学院提出的与教职工利益直接相关的福利、校内分配实施方案以及相应的教职工聘任、考核、奖惩办法；

（五）审议学院上一届（次）教职工代表大会提案的办理情况报告；

（六）按照有关工作规定和安排评议学院领导干部；

（七）通过多种方式对学院工作提出意见和建议，监督学院章程、规章制度和决策的落实，提出整改意见和建议；

（八）讨论法律法规规章规定的以及学院与学院工会商定的其他事项。

教职工代表大会和工会会员代表大会同时召开。

《学院教职工代表大会实施细则》另行制定。

第四十四条 院工会是学院教职工代表大会的工作机构，是学院党委和上级工会组织领导下的教职工自愿参加的群众组织，按照《中华人民共和国工会法》和《中国工会章程》开展工作，履行工会职责，参与学院管理与监督。

第四十五条 中国共产主义青年团娄底职业技术学院委员会接受

学院党委和上级团组织的领导，按照《中国共产主义青年团章程》开展工作，组织思想政治教育，引导校园文化建设，维护学生合法权益，提高学生综合素质。

第四十六条 学生代表大会是学院全体在校学生实现自我教育、自我管理、自我服务和自我监督，行使民主权利和参与学院民主管理的基本形式。学生代表大会每届任期一年。

学生委员会（学生会）由学生代表大会选举产生。代表大会闭会期间，由学生会主持其日常工作，代为行使职权，执行学生代表大会决议。学生会在学院党组织的领导下和团组织的指导下，依据《中华全国学生联合会章程》等相关章程开展工作。

学院实行院、系（部、二级学院）两级学生代表大会制度，选举产生院、系（部、二级学院）两级学生会。

第四十七条 学院民主党派的基层组织，按照各自章程开展活动，参与学院管理与监督。

第四十八条 学院建立科学、民主、规范的决策制度和决策程序。学院重大事项的决策，除依法应当保密的以外，决策事项、决策依据、决策过程和决策结果予以公开。

凡是关系学院发展的重大事项、专业性较强的事项、涉及学院重大权益的事项、涉及师生员工重大权益的事项，学院应当在决策前征求师生员工意见，根据需要进行决策听证和风险评估，最终经学院党委会或院长办公会议集体讨论决定。

学院建立决策责任追究制度，对违反决策程序规定、出现重大决策失误、造成重大损失的，依法依纪追究相关责任人的责任。

第四十九条 学院内部组织机构由党政职能部门、教学科研单位、直属教辅单位三类组成。

（一）学院围绕人才培养工作任务、专业发展和科学研究的需要，依托主干专业和专业群设置教学科研单位。教学科研单位是学院实施办学活动的基本单位。

（二）严格按上级有关规定，根据学院党的工作和行政管理工作需要设置党政职能部门，承担院内党政群团工作的计划、组织、指挥、协调、监督、服务和对外联络等职能。

（三）根据办学活动需要设置直属教辅单位，为教学科研与生活服务提供公共服务与保障。

（四）根据需要可设置临时性机构。

机构的设置、变更、撤销及职责的调整由院党委决定。

第六章　教学科研单位

第五十条　学院实行院、系（部、二级学院）两级管理体制。

第五十一条　系（部、二级学院）是人才培养、科学研究、社会服务和文化传承创新的具体组织实施单位，在学院授权范围内实行自主管理。

第五十二条　学院本着事权相宜和权责一致的原则，在人、财、物等方面规范有序地赋予系（部、二级学院）相应的管理权力，指导和监督其相对独立地自主运行。

系（部、二级学院）主要职权：

（一）负责本单位教学科研、招生就业、职业培训、师资队伍建设、校企合作工作，制定本单位事业发展规划，为学院整体发展规划提供参考，并认真按学院整体规划要求组织实施。

（二）组织实施本单位专业建设、师资队伍建设、课程建设、实习实训基地建设及教学活动；负责对教学工作进行常规检查与监控。

（三）组织开展科学研究、学术交流、科技开发和社会服务等工作，审查科研及科技开发项目，做好本单位的科研管理工作。

（四）负责拟定本单位年度经费预算计划，负责管理好、用好本单位各项经费；负责本单位资产的管理、使用和维护。

（五）根据学院授权，设置内部机构，就本单位人员的聘任与管理提出建议。

（六）负责学生思想政治教育及日常管理工作。

（七）行使学院赋予的其他职权。

第五十三条 系（部、二级学院）主任（院长）是本单位的行政负责人，根据学院的相关规定和授权，主持本单位的教学、科研、行政管理工作，副主任（副院长）协助主任（院长）工作。

主任（院长）由具备该系（部、二级学院）专业、学科背景的副教授、教授担任。

第五十四条 系（部、二级学院）党（总）支部负责本单位思想政治教育和党建工作，保证党和国家的路线、方针、政策和学院各项决定在本单位的贯彻执行，支持主任（院长）履行其职责。

系（部、二级学院）党（总）支部委员会主要职责：

（一）保证与监督党和国家的教育方针、政策及学院相关决定在本单位的贯彻执行。

（二）参与本单位行政管理工作中重要事项的研究、讨论与决策。协助并支持本单位行政领导班子和负责人在其职责范围内独立开展工作。

（三）负责本单位党组织的思想、组织、作风建设，加强党风廉政建设。

（四）负责本单位全体师生的思想政治教育和学生管理工作、就业工作。

（五）负责领导本单位的工会、共青团、学生会等群众组织开展工作，并对其日常工作进行管理。

第五十五条 系（部、二级学院）实行党政联席会议制度。党政联席会议是系（部、二级学院）的决策机构，讨论决定本单位改革与发展重要事项。党政联席会议根据议题的情况，由系（部、二级学院）主任（院长）或党（总）支部书记召集并主持。

党政联席会议的主要职权是：

（一）讨论决定本单位的发展目标、专业建设、科研平台建设、人才队伍建设等规划，重大改革方案、年度工作计划等。

（二）讨论决定本单位教学、科研、专业建设、校企合作等方面的重要事项及相关规章制度。

（三）讨论决定本单位人事管理、年度经费预决算、资金使用、收入分配方案、学生就业及学生工作等。

（四）讨论研究和决定本单位其他重要事项。

第五十六条 系（部、二级学院）根据需要设立教研室。

教研室依据系（部、二级学院）授权开展工作，教研室的主要任务是根据学院和系（部、二级学院）部署，拟定人才培养方案与教学计划，参与教学与科研的组织、实施与管理。

第五十七条 系（部、二级学院）按专业大类成立专业建设指导委员会，为专业建设提供指导、咨询和服务工作。

《专业建设指导委员会章程》另行制定。

第五十八条 系（部、二级学院）建立教职工大会制度。主任（院长）定期向本单位教职工大会报告工作，接受教职工监督。

第七章　学院与社会

第五十九条　学院面向社会成立娄底职业技术学院理事会，建立健全理事会成员之间相互协商合作机制，充分发挥理事会在学院治理中密切联系社会、扩大民主决策、争取社会支持、完善社会监督的作用，支持学院建设和发展。

理事会由娄底市政府及相关职能部门代表、学院及相关职能部门负责人、行业企业代表、师生代表、校友代表、国内外知名专家等组成。

《娄底职业技术学院理事会章程》另行制定。

第六十条　学院利用自身优势和办学条件，搭建校地、校企、校际合作平台，积极开展社会服务和公益活动，推进学院资源的社会共享。

第六十一条　学院主动接受社会监督和评价，定期发布年度人才培养质量报告，依法实行信息公开制度，及时向社会发布办学信息，接受社会监督。

第六十二条　学院依法成立教育基金会。教育基金会面向社会筹措教学科研经费和各类奖助学金，依法接受捐赠，对受捐赠资金依法管理，本着节俭高效的原则使用受赠资金，确保捐赠目的的实现。

《娄底职业技术学院教育基金会章程》另行制定。

第六十三条　学院成立娄底职业技术学院校友总会，支持校友设立具有地域特点的校友分会，依据国家有关规定和章程开展活动。

校友系曾在学院及前身就读或进修过的学生或学员，在学院及前身工作过的教职工，被学院授予荣誉职衔的中外各界人士，学院聘请的客座教授、兼职教师，学院授予校友会会员资格的其他个人。

学院鼓励校友对学院发展建言献策，对做出杰出贡献的校友给予表彰。

《娄底职业技术学院校友会章程》另行制定。

第八章　投入与保障

第六十四条　学院建立以财政拨款为主、其他多种渠道为辅的办学投入体制。

学院经费来源包括财政拨款、上级补助收入、事业收入、经营收入等。

学院积极拓展办学经费来源，筹措办学资金，不断加大办学投入。

第六十五条　学院经政府有关部门批准，依法收取学费和其他费用。

第六十六条　学院坚持勤俭办学，优化支出结构，提高资金使用效益，建设节约型校园。学院优先保证人才培养的经费投入。

第六十七条　学院实行统一领导、集中管理的内部财务管理体制，坚持以量入为出、收支平衡的原则，建立基本支出预算、项目支出预算的预算管理体系，建立经费使用绩效评价制度，完善监督机制，保证资金运行安全、高效。

第六十八条　学院建立内部审计制度，设立审计机构，在院长领导下依法独立行使审计职权，对学院的业务活动、内部控制进行审计，对各内部组织机构负责人经济责任进行审计。

第六十九条　学院资产属国有资产，包括国家无偿拨给学院的资产、学院按照国家政策规定运用国有资产组织收入形成的资产，以及接受捐赠和其他经法律确认为国家所有的资产。其表现形式为固定资产、流动资产、在建工程、无形资产和对外投资等。

第七十条 学院对拥有的资产享有法人财产权，依法自主管理和使用。

第七十一条 学院建立健全资产管理制度，实行统一领导、归口管理、分级负责、责任到人的资产管理体系。

学院合理配置资源，提高资源使用效率，确保资产的保值增值。

第七十二条 学院不断改革和完善后勤服务保障体系，提高管理水平和服务质量，为师生员工的工作、学习、生活提供有力保障。

第七十三条 学院加强校园安全管理，建立和完善突发事件应急处理机制，维护校园和谐稳定。

第九章 院徽 院旗 院歌

第七十四条 学院院徽包括徽志和徽章。

徽志外形为正圆。外圈底色为红色，上方是院训，下方是院名。内圈底色为天蓝色。主体图案为银色，既像一只展翅飞翔的鸟，喻义天高任鸟飞；又像一只手，喻义培养高技能人才。手中的绿叶既喻指学院对学生的培育与爱护，又表示希望掌握在自己的手中，同时形状为拼音字母"Z"，体现"职业"特征。图案上方的十颗星星，既喻义我院桃李满天下，又有和谐、完美之意；图案下方的数字"1957"，是我院的前身之一邵阳专区农业合作干部学校的创办时间。

学院徽章是金属质地的圆形证章，教职工与学生的徽章以底色为区别。

第七十五条 学院院旗为黄色长方形旗帜。上方为院徽，下方为院名，魏碑字体；旗杆套为白色。

第七十六条 学院院歌为《我们来了》，胡卫平作词，刘合庄作曲。

第十章 附 则

第七十七条 本章程草案经学院教职工代表大会讨论、院长办公会审议、党委会审定后，经娄底市人民政府审核，报湖南省教育厅核准。

第七十八条 本章程生效后，学院原有规章制度与本章程规定不一致的，以本章程为准；新制定的规章制度不得与本章程相抵触。

第七十九条 学院根据发展情况，适时修订本章程。

章程修订的启动由学院教职工代表大会五分之一以上代表提议，经院长办公会审议，学院党委同意后进行；教职工代表大会闭会期间，由院长办公会提议修改，经学院党委同意后进行。

修订程序按第七十七条之规定。

第八十条 本章程由学院党委负责解释。

本章程经湖南省教育厅核准后生效，自学院公布之日起实施。

第三节 学校校训、校徽、校歌

一 校训

学以致用　自强不息

校训释义

"学以致用"语出《周易·系辞》："精义入神，以致用也。"意思是：透彻理解《周易》的义理，掌握事物变化的规律，达到出神入化的程度，是为了应用。在我国思想传统上，"学以致用"观占有极为重要的地位，较早地培养了中国传统士人的家国意识和积极向上的参与观念，使传统士子较多务实精神，较少浮泛、不切实际的玄想。

针对高职学院来说，"学以致用"是培养高等技术应用性专门人才的必然要求，是坚持"以服务为宗旨，以能力为本位，以就业为导向"办学定位的精练表达。"产学结合""订单培养"彰显了"学以致用"的原则。

对于娄底职业技术学院来说，"学以致用"的"学"，既是知识技能之学，又是理想道德之学；"学以致用"的"用"，既是知识技能之用，又是理想道德之用。同时，"学以致用"的"学"，还是有用之学，能用之学，是勤奋好学之学，是讲究方法之学；"学以致用"的"用"，是学了能用，学了会用，是敢于运用之用，是善于运用之用。在这里，崇德尚能，强调勤学善用，学用相长；学无止境，用无止境。"学以致用"，意既在训导学生，也在勉励教师：教师之学、之教都在致用。这就要求所有的教和学都要以是否致用为标准，使教与学的过程和内容更接近社会生产、生活的实际，使培养的学生能被社会所广泛接受，实现"零距离"就业，在工作岗位上发挥应有的作用。

"自强不息"语出《周易·乾卦》："天行健，君子以自强不息"。意思是：天体运行，周而复始，永不停息；君子以天道为榜样，激励着自己积极向上，奋发图强，永不懈怠。

几千年来，中华民族以自强不息的精神拼搏向上，艰苦奋斗，创造了伟大的东方文明，屹立于世界民族之林。自强不息，不仅是我们民族的精神，也是我们每个中国人应该具备的精神品质。只有在这种精神的感召下，我们才能笑对各种困难和挫折，才会克服一切艰难险阻，勇敢向前。只有我们每一个人都继承并发扬这种自强不息的传统精神，才会汇成巨大的民族精神的潮流，推动我们的民族再度走向繁荣和富强，我们这个古老民族的再度振兴才会最终出现。

当代大学生无论处于顺境还是逆境，都要有一种自强不息的奋斗精神。面对顺境，不自傲，不自满，不得意忘形；面对困顿，不绝望，不自卑，不放弃。得意不忘形，失意不失志，才能成为社会的脊梁。勇于担当，永不言弃，才能成就一番事业。尤其是处于相对弱势地位的高职院校学生，更要有一种自尊自重、自立自强、奋发向上的精神，不攀附屈从，不妄自菲薄，增强心理承受力，追求高尚人格，不断完善自身，依靠自己的真才实学，去实现壮美的人生理想。

二 校徽

校徽释义

校徽含义是：其一：像一只展翅飞翔的鸟，一方面喻义我校充满活力，充满生机，另一方面喻义"天高任鸟飞"；其二：像一只手，体现我校的办学宗旨"培养动手能力强的高技能人才"；其三：手中的绿叶既喻指学校对学生的培育与爱护，又表示希望掌握在自己的手中，同时形状为拼音字母"Z"，体现"职业"特征；其四：图案上方的十颗星星，既喻义我校桃李满天下，又有和谐、完美之意。图案下方的数字"1957"，是我校的前身之一邵阳专区农业合作干部学校的创办时间；其五：内圈底色为天蓝色，是我校的基本色，象征飞鸟在蓝天自由飞翔。主体图案是银色，有"银领"之意，指我校培养的人才是高技能人才。整个图案体现出"和谐娄职、特色娄职"的理念。

三　校歌

我们来了
娄底职业技术学院校歌

胡卫平 词
刘合庄 曲

1=D 2/4　轻松 愉快地

(0 5 5 5 | 1 5 4 2 | 0 5 7 2 4 2 | 7 5 | 1 1 1 0)

5. 5 6 4 6 | 5 4 3 4 | 5 5 5 2 2 4 | 3 1 7 1 | 2 - 2 0
踏　着青春的节　拍，迎着初升的太　阳。

1 1 | 6 6. 6 - | 2 2 2 6. 6 6 | 1 4 5 6 6. | 2. 2
我们来了，　　我们是共和国未来的脊梁，我们

7 6 7 | 5 - | 5 1 5 4 | 3 3 2 2 | 3. 5 5 2. 3 | 1 - 1 -
来　了，我们是共和国的未　来脊　梁。

抒情地

5 - | 3 4 5 5 - | 1 1 2 1 2 7 | 5 | 5 -
吮　吸吮吸　　知识的甘　露，
用　青春承载　承载青春的理想，

4 - | 3 4 5 2 - | 4 3 1 7 | 2 - | 2 -
积　蓄积蓄　　创业的力　量；
展　翅展翅　　四面八方；

5 - | 3 4 5 5 - | 1 1 2 1 2 7 | 1 5 | 5 -
吮　吸吮吸　　知识的甘　露，
用　青春承载　承载青春的理想，

4 - | 5 4 5 2 - | 4 3 1 7 | 2 - | 2 -
积　蓄积蓄　　创业的力　量。
展　翅展翅　　四面八方。

1. 1 1 5 | 1 2 3 3 | 4. 4 4 1 | 4 5 6 6 | 5 5 | 1 1 2 3 3 | 3 -
学以致用，自强不息。学以致用，自强不息。播撒勤奋的种子，
播撒希望的种子，

2 2 2 1 2 1 6 | 6 - | 2 2 | 2 6 6 7 7 | 7 -
铸就银领的荣光；播撒勤奋的种子，
收获永远的辉煌；播撒希望的种子，

2 1 7 2 2 6 7 5 | 5 6 5 4 | 3 2 3 | 1 - | 1 - :||
铸就银领的荣光，银领的荣　光。
收获永远的辉煌，永远的辉　煌。

结束句　rit

5 5 5 | 2 3 1 - | 1 -
永远的辉　煌。

第四节 学校内设机构介绍

一、党政管理部门

（一）党政办

党政办是学校党委、行政的综合办事机构，也是学校综合、协调、督办、管理和服务部门。主要负责公文处理、信息沟通、信访接待、机要保密、印信管理、综合统计、综合档案、车辆与会务管理、阳光服务平台、办公信息化建设、校友资源开发、南校区管理等工作。

（二）组织部

组织部是负责实施全校组织建设、干部队伍建设的职能部门。主要负责党的组织建设、中层干部队伍建设、党员管理与培训、党建理论研究、离退休同志及病休人员管理与服务等工作。

（三）宣传统战部

宣传统战部是负责思想政治宣传和统一战线工作的职能部门。主要负责意识形态、舆论宣传、舆情调研与处理、精神文明建设、校园广播站与宣传橱窗管理、对外宣传报道、统战等工作，负责学校党委中心组学习的日常工作。

（四）学生工作处（部）

学生工作处（部）是学校开展学生日常思想政治教育和管理服务工作的职能部门。主要负责学生日常管理、资助与奖惩、心理健康教育、思想政治教育、学生管理队伍建设、学生档案管理和学风建设等工作。

（五）保卫处（武装部）

保卫处（武装部）是维护学校政治稳定、治安安定，并为广大师生员工的教学、科研、生活、学习提供安全服务的职能部门。主要负责学校安全保卫、综合治理、校园监控与消防设施规划、新生军训与民兵组织建设、大学生征兵及校内流动人口管理等工作。

（六）人事处（外事办）

人事处是学校对教职工进行管理，为教职工提供服务的职能部门。主要负责学校内设机构设置、岗位设置与聘用、人才队伍与师资队伍建设、职称评聘、绩效考核、工资福利、社会保险、用工管理及外事等工作。

（七）教务处

教务处是对全校教学工作进行组织、管理和研讨的职能部门。主要负责日常教学管理、专业与课程建设、人才培养模式改革、教学质量监控与评价、学生成绩与学籍管理、职业资格认证及教学资源管理等工作。

（八）招生就业处（校企合作办）

招生就业处（校企合作办）是学校管理普通大专、中专招生和毕业生就业工作服务的职能部门。主要负责大中专招生、学校招生信息网与微信平台的建设与管理、毕业生就业创业、大学生创业孵化基地、校企合作、订单培养及娄底职业教育集团秘书处等工作。

（九）计划财务处

计划财务处是管理全校财会工作的职能部门。主要负责资金筹集与管理、预算编制、资产建账管理、收费与工资发放、财务票据管理等工作。

（十）资产管理处

资产管理处是学校国有资产管理的职能部门。主要负责学校资产与物资采购、招投标与合同管理、资产建档与保管、公有房屋产权办理等工作。

（十一）后勤基建处

后勤基建处是学校基本建设管理的职能部门。主要负责校园基本建设总体规划、学校基本建设、编制（委托编制）工程项目概（预）算、土地征拆等工作。

（十二）科技处

科技处是学校管理科学研究、科技服务和学术交流的职能部门。主要负责学术委员会日常工作、科技（研）课题管理、学报编辑、科研机构与科技创新团队管理、学术交流活动、科普推广等工作。

（十三）审计处

审计处是依法对校内各项经济活动进行审计监督和评价的行政职能部门。主要负责制定学校审计工作制度与流程、组织实施内部审计、组织实施学校预算执行与决算审计、组织实施建设工程项目审计等工作。

二 教学单位

（一）二级学院

学校共设医学部（护理学院、药学院、临床医学院、基础医学院）、机电工程学院、汽车学院、电子信息工程学院、土木工程学院、商学院、农林工程学院、文化传播学院、艺术设计学院9个二级学院（部）。

（二）公共课教学部

公共课教学部是承担学校公共基础课课程的教学单位。主要负责本部门体育、语文、数学等公共课程建设、人才培养、教研教改、教师管理、师资建设、社会服务等教学管理工作。

（三）思政课教学部（马克思主义学院）

思政课教学部（马克思主义学院）是学校负责思想政治理论教学科研的教学单位。主要负责大学生思想政治教育研究、教学、思想政治教育课程建设等工作。

（四）五年制高职部

五年制高职部是学校开展中专层次教育教学与中高职衔接试点的教学单位。主要负责中专层次和五年制高职层次专业建设、人才培养方案及课程标准建设，负责本单位教学运行管理、学生管理、技术开发和师资建设规划、实践教学基地建设规划等工作。

（五）继续教育学院

继续教育学院是学校专门从事成人教育、短期培训等学历教育与非学历教育的教学单位。主要负责学校继续教育、职业培训、成人学历教育等工作。

三 教辅单位

（一）图书馆（图文信息中心）

图书馆（图文信息中心）是为学校人才培养和科学研究提供图书文

献信息服务的学术性机构。主要负责学校图书资料情报建设、图书文献信息资料采集、图书资料采购、教职工著作收储、读者服务等工作。

(二)网络管理中心

网络管理中心是为学校数字化校园和信息化教学服务的教辅单位。主要负责学校门户网站的开发与维护、"校园一卡通"的建设与技术维护、数字化校园建设等工作,配合宣传部做好网络舆情监控与管理工作。

(三)质量管理与评估办

质量管理与评估办是学校质量管理与评估建设的专门机构。主要负责内部质量保证体系建设、学校质量年度报告、人才培养工作状态数据采集与分析、国家和省级重点院校项目申报与建设及高职院校评估等工作。

(四)高职研究所

高职研究所是学校从事高等职业教育研究的学术机构。主要负责学校发展战略与教育教学改革理论研究、学校高职教育研究发展规划、国家和省职业技术教育学会课题管理等工作。

(五)后勤服务中心

后勤管理处是学校提供后勤保障的服务机构。主要负责全校学生食堂和商店食品的监管以及除基建维修外的所有日常维修工作,负责组织水电等项目的日常管理，会同有关部门统筹推进节约型校园建设，负责学校爱卫会的日常工作。

（六）产教融合办公室

产教融合办公室是学校产教融合工作统筹协调、规划指导、综合管理、服务保障的职能部门。主要负责学校产教融合、对外合作、顶岗实习、项目合作、校外实训基地建设等工作。

（七）教育教学重点项目办公室

教育教学重点项目办公室是学校教育教学重点项目建设与管理工作的职能部门。主要负责学校重大项目申报、建设、推进、验收、绩效评价与管理等工作。

四 附属单位

附属医院

附属医院是隶属学校的一所集医疗、预防保健、健康教育为一体的综合医院。主要承担本级医院的分级诊疗和地段医疗与公共卫生服务，学校师生员工的医疗保健与计生服务、健康检查与教育。部分承担学校医学及相关学科的教学、科研、学生实习及"双师型"人才培养等工作。

五　纪检监察机构

纪检监察处

纪检监察处是学校组织开展日常党的纪律检查和行使行政监察职能的工作机构。主要负责履行对同级党委会及其成员的监督职能；检查党的路线、方针、政策和决议的执行情况，协助学校党委加强党风廉政建设和组织协调反腐败工作；履行党风廉政建设监督责任。

六　群团组织

（一）工会

工会是在校党委领导下的教职工自愿结合的工人阶级的群众组织。主要负责学校工会会员代表大会、教职工代表大会的组织工作；校务公开工作；全校教职工文化体育活动、教职工常规慰问和福利工作；参与教职工劳动关系与劳动争议的调解工作；会同有关部门协商解决涉及教职工切身利益的热点难点问题，维护教职工的合法权益。

（二）团委（创新创业学院）

团委是学校党的助手和后备军，是组织青年、引导青年、服务青年和维护青少年合法权益的组织。主要负责开展全校青年团员的思想教育工作、团务工作、学生社团、艺术团、学生创新创业等工作。

第五节 大学里的学生组织

大学里的学生组织是提高学生综合素质、培养创新人才的重要阵地。它不仅能够培养大学生的民主意识及自律精神，促使大学生在自我表现、自我发现、自我管理、自我教育和自我发展的基础上提高自身的综合素质和综合能力，还能提高大学生的社会交往能力，加速大学生的社会化，促进大学生得到自身价值的满足和社会的认可。新生入学后，学校内的各个学生组织机构就纷纷开始"纳新"，如果你有志于在大学里得到更多锻炼、积累更多的社会经验，可以结合自身条件，考虑加入相应学生组织。

一 学生会

学生会是在学生工作处指导下的学生管理群众性组织，是最重要的学生组织之一，也是学校联系学生的桥梁和纽带。学生会倡导和组织自我服务、自我管理、自我教育，开展健康有益、丰富多彩的课外活动和社会服务，努力为同学服务。学生会设主席团，负责管理学生会的全面工作，下设办公室、监察部、学习部、体育部、宿管部、保卫部、公寓监管部、生活部、外联部、宣传部、心教部、校文明纠察队。各二级学院设二级学生会组织。

二 团学委

共青团员娄底职业技术学院学生委员会是在学校团委领导下的学生组织（简称团学委）。围绕学校党团中心工作，结合团员青年特点，肩负团结青年、引领青年、服务青年职责的先进青年学生组织。以服务青年学生成长成才为宗旨，大力实施校园文化建设工程，组织开展大学生课外学术科技和志愿服务活动，是联系党和青年学生的桥梁和纽带。下设秘书处、组织部、青工部、实践部、网络部、宣传部、文娱部七个部门。

三 社团联合会

社团联合会是在学校团委的直接指导下，管理社团工作、服务社团发展的学生组织。通过组织学生社团广泛开展丰富多彩、健康向上的学术、科研、文体及公益活动，丰富学生第二课堂、提高学生综合素质，是凝聚青年、培育和传承大学精神的重要载体。下设办公室、组织部、财务部、活动部、宣传部、外联部六个部门，学校目前有轮滑协会、书法协会、红十字协会、武术协会等44个学生社团组织。

四 教学信息中心

教学信息中心是学校教务处指导下的学生组织。其宗旨是：服务教学、联系教学、促进教学。主要是疏通学生参与教学与教学管理的渠道，发挥学生参与教学管理和自我管理、自我教育的主体作用，强化学生在教学中的主体地位，搭起一座教学互动、互助的桥梁和纽带，不断改进学校的教学工作。

五　校卫教导大队

校卫教导大队以全心全意为师生服务为宗旨,是学校保卫处指导下的一支学生安保队伍。主要负责校园安全巡逻,安全排查,日常执勤及学校大型活动安全的秩序维持。并预防各类安全事故的发生,维护校园安全稳定,保障学校的教学、办公与科研活动正常有序进行。

六　广播站

广播站是学校的一个重要文化传播阵地,是学校宣传统战部指导的学生组织。广播站作为学校和学生沟通的桥梁,让学生通过广播了解国内外时事新闻和学校的新闻动态,课余时间播放音乐和散文,培养学生的情操,充分发挥学生的主人翁意识,使校园之声更贴近学生学习生活,让校园之声成为学生的心声。

七　记者站

记者站是隶属于学校宣传统战部《娄底职院》报的学生组织,以《娄底职院》报、娄职新闻网为依托,围绕学校的各种活动、会议以及热门话题及时报道和宣传,为塑造良好的娄职形象做出了积极贡献。下设编辑部、摄影部、采访部、网宣部四个部门。

第二章

学习导航

第一节 职业生涯规划

职业生涯规划，是指在对一个人职业生涯的主客观条件进行测定、分析、总结的基础上，对自己的兴趣、爱好、能力、价值观、职业素质等特点进行综合分析与权衡，结合外部环境的制约，根据自己的职业倾向，确定其最佳的职业奋斗目标，并为实现这一目标做出行之有效的安排。

当今社会处在变革的时代，到处充满着激烈的竞争。"物竞天择，适者生存"，要想在这场激烈的竞争中脱颖而出并立于不败之地，在大学期间必须设计好自己的职业生涯规划。这样才能做到心中有数，不打无准备之仗。

一 职业生涯规划的意义

职业生涯活动将伴随一个人的大半生，对大半生进行有效规划，是我们拥有成功的职业生涯、实现完美人生的重要条件。

（1）职业生涯规划是高等教育大众化时代激烈的社会竞争的需要。

（2）职业生涯规划可以帮助我们正确认识自己，发掘自我潜力，增强自己的实力。

（3）职业生涯规划可以增强自身发展的目的性与计划性，提升成功的机会。

（4）职业生涯规划可以提升个人职业竞争力，降低求职成本，提高工作满意度。

如果把一个人的职业生涯比作一次旅行，那么出发之前最好先设定旅游线路，既不会错过梦想已久的地方，也不会千辛万苦地去并不喜欢的景点。

二 制定职业生涯规划应遵循的原则

职业生涯规划是一个连续的、不断调整、修正和完善的过程。所以在规划职业时要遵循主客观规律，体现职业生涯本身的特点。职业生涯规划的原则主要有：

（1）从自己的兴趣、爱好出发。兴趣是一个人最好的老师，事业成功的动力往往来自兴趣。每个人在进行职业生涯设计时，应适当考虑自己的兴趣和爱好，选择自己喜欢的职业，使职业本身化为人生的乐趣。

（2）时刻关注社会需求和行业发展趋势。"适者生存"，"识时务者为俊杰"，我们要结合自身与社会发展的实际，努力使自己的理想贴近现实，适应社会发展的需要。

（3）发挥自己的专业和特长。俗话说："尺有所短，寸有所长。"也许你兴趣广泛并且多才多艺，你可能会同时掌握多种技能，但在你所具备的才艺和技能中总有长短强弱之分。职业生涯规划要扬长避短，要选择最利于发挥自己特长的职业。

（4）符合事实，便于操作。对职业生涯进行规划，是为了去实现职业愿景，所以职业规划必须从客观现实出发。在制定计划时，一定要考虑计划的可行性；为进一步增强计划的可操作性，在执行的过程中，还要不断修正和完善计划。

三 职业生涯规划制定的步骤

大学生职业生涯规划制定的基本步骤如下：

第一步：自我认知，即客观认识自我、准确职业定位。

职业生涯规划最基础的工作首先是"知己"，即要客观、全面地认清自我，充分了解自己的职业兴趣、能力结构、职业价值观、行为风格、优势与劣势，人才素质测评是全面、科学地认识自我的有效手段和工具。

在客观认识自我方面，我们至少需要了解以下五个方面：

（1）喜欢干什么——职业兴趣；

（2）能够干什么——职业技能；

（3）适合什么——个人特质；

（4）最看重什么——职业价值观；

（5）人、岗是否匹配——胜任力特征。

第二步：职业认知，即评估职业机会、知己知彼。

首先要正确、客观地认识自我，根据自己的气质、性格类型和兴趣爱好确立自己的职业选择；还必须更多地了解各种职业，尤其是热门行业、热门职业对人才素质与能力的要求，重点分析目标行业内标杆组织的人力资源管理战略和企业文化，做到"人—企匹配"，全面分析目标职位的工作职责和任职者所需技能，做到"人—岗匹配"，才能选择终生从事的理想职业。

对职业机会的评估需要我们通过对外部环境的分析，认识到自己所面临的机会、挑战，结合自身特点评估外部事业的发展机会。

第三步：职业定位，即确立职业目标、选择职业发展策略和路径。

综合自我认知和职业认知的主要内容，得出自己的职业定位内外环境的SWOT（优势因素、弱势因素、机会因素和威胁因素）分析，确立自己将来从事什么职业，采用什么样的职业发展策略和路径。实现职业目标与自己的潜能以及主客观条件的最佳匹配。

第四步：规划与实施计划，即清晰计划、终生学习、高效行动。

行动计划应清晰，可操作性强，近期计划详尽，中期计划清晰并具灵活性，长期计划具有方向性。在确定了职业生涯目标后，行动便成了关键的环节。没有行动，难以实现，更谈不上事业的成功。这里所指的行动，是指落实目标的，主要包括工作、训练、教育、轮岗等方面的措施。

第五步：动态反馈调整，即与时俱进、灵活调整。

俗话说："计划赶不上变化"，影响职业生涯规划与发展的因素诸多，因素是可以预测的，而有的因素却难以预测。在此状况下，要使职业生涯行之有效，就必须不断地对职业生涯规划进行评估与调整。包括：备选方案的确立，职业的重新选择；职业生涯路线的选择；人生目标的修正；实施措施补充、完善和变更，等等。

当然，事在人为，再优秀、再动人的职业生涯规划也取代不了个人的努力。职业生涯规划的目的是建立目标、树立信心，职业生涯规划只是成功的必要手段，能否成功则主要取决于个人的努力。

四 职业生涯目标的确立

（1）定出未来发展目标：你想干什么？想成为什么样的人？想做什么事？想取得什么成就？想发挥自己哪一方面的优势与特长？想成为哪方面佼佼者？把这些问题确定后，你的人生目标也就确定了。当然目标要建立在自我分析与内外环境分析的基础上，否则目标就失去意义。

（2）定出今后十年大计：为什么定十年不定二十年呢？因为二十年太长，容易令人泄气，十年正合适，而且十年工夫，足够干成一件大事。今后十年，你希望自己成为什么样子？有什么样的事业？要过上什么样的生活？你的家庭与健康水平如何？你将获得什么样的社会地位？这些都可以一条一条地计划好，记录在案。

（3）定出五年计划：定出五年计划的目的，是将十年大计分阶段实施，并将计划进一步具体、细化，将目标进一步分解。

（4）定出三年计划。俗话说，五年计划看头三年。因此，你的三年计划，要比五年计划更具体、更详细，因为计划是你的行动准则。

（5）定出明年计划：定出明年计划，以及实现计划的步骤、方法与时间表，计划要具体、切实可行。如果从现在开始制定目标，则应单独定出今年的计划。

（6）定出下月计划：下月计划应包括下月计划做的工作，应完成的任务，质和量方面的要求，财务上收支，计划学习的新知识和有关信息，计划总结。

（7）定出下周计划：计划的内容与（6）相同。重点在于具体、切实可行，而且每周末提前定好下周的计划。

（8）定出明日计划：明天计划要做哪几件事？哪几件事是最重点的？把它们挑出来，取最重要的3~5件事，按事情轻重缓急，按先后顺序排好队，明日按计划去做可以避免"捡了芝麻、丢了西瓜"，对一个人提高办事效率大有好处。

第二节 学习指导

一 大学学什么

(一) 学会做人

成小事者靠能力，成大事者靠做人。

大学阶段是一个人的人生观、价值观、世界观形成的重要时期，是高职学生精神成人的时期。现在我国在校大学生的主流是好的，他们在认识自我、了解社会和时代发展的同时，也认清了时代发展的趋势和需要，并因此而严格要求自己。但同时也要看到，有些大学生在品德行为上还存在着严重的问题，如：生活上比吃比喝，比穿比消费；学业和考试等方面弄虚作假；对自己、家庭和社会缺乏责任感，大事做不来，小事不愿做；恋爱和性方面过分放纵自己，缺乏性道德……出现这些问题虽然有社会环境、学校教育、家庭教育等方面的原因，但自身的原因不能忽视。我们应该看到，社会主流正朝着人性文明的方向迈进，用人单位也正在由重文凭、重关系转变到重能力、重人品上来。许多用人单位都对应聘人员在道德方面做出了要求，例如：有一个学生到一家外企去应聘，老板问的第一句话就是："你给你妈妈洗过脚吗？"该同学诚实地回答："没有。"老板要求该学生回家给妈妈洗脚后再来应聘。该学生晚上在给妈妈洗脚的过程中，才发现妈妈粗糙的双脚代表了曾经经历过的辛苦和不易，也理解了老板的用意。

跟上时代的发展修炼自己的品行，这就要求大学生要学习中华民族的传统美德，同时学习外国优秀文化和道德审美，在学习中提升个人品德，学会如何做人。

学会做人，不仅要注重品德，而且要注重习惯与性格的养成。美国心理学家威廉·詹姆士说："播下一个行动，收获一种习惯；播下一种习惯，收获一种性格；播下一种性格，收获一种命运。"习惯是一种自动化了的行为，它的能量是非常惊人的。好习惯能成就你的人生，坏习惯能坏你的大事。

（二）学会学习

在大学，老师只是充当引路人的角色，"师傅领进门，修行靠个人"，学生必须自主学习，也就是要自己积极主动地去学习。

首先，自主学习要学会自学。大学生要主动地在学习过程中培养自己的自学能力，这不仅是大学学习的需要，也是时代发展的需要。未来学家说：21世纪的文盲，不再是目不识丁的人，而是不会学习的人。知识折旧定律告诉我们：一年不学习，你所拥有的全部知识就会折旧80%。我们在学校求学阶段所获得的知识不过是自己一生所需知识的10%，甚至更低，其他90%以上的知识都是在离开学校之后的自学中获取的。时代要求我们在大学时代必须培养自己的自学精神和自学能力，终身学习的社会特点也需要我们学会学习；知识经济时代的飞速发展和"知识爆炸"需要我们学会学习，学会学习是我们一生事业成功的基础。

其次，学会学习还要找到自己的兴趣。兴趣是学习中最快乐、最轻松、最美好、最活泼的品质，在兴趣的指导下，你会精神振奋，思维活跃，目标专一，不知疲倦地执着追求。孔子说："知之者不如好知者，好知者不如乐知者。"快乐和兴趣是成功的关键，兴趣是最好的老师，也是你走向成功的第一步。所以尽快找到自己的兴趣，对大学学习和今后事业的发展都具有重大意义。

在现实生活中，我们需要学习的课程很多，各门课程不一定都是自己感兴趣的，即使在自己感兴趣的课程中，也不是所有内容都有趣味，使自己很乐意地去学习；面对一些枯燥的东西，我们兴趣不大甚至不愿意学时，我们应该想起我们的理想志向。作为一个有理想有追求的人，兴趣固然重要，但志向更加重要，只要它是你实现理想需要的，兴趣必须让位于理想，志向是罗盘，兴趣是风帆，千万注意不要把兴趣当作自己最后的目标。

（三）学会思考

读大学的目的就是使我们学会思考。

学会思考，首先要善于思考。要敢思、爱思、多思。敢思就是有胆量，冲破人固有的从众思维模式，不怕别人嘲笑，敢于思考难题，不怕权威，不唯书，不唯上。爱思，就是把思考当乐趣，倾心地去思考，执着地去思考，这样思考的质量就会越来越好，思考的效率越来越高。多思是通向智慧的大门，多思就能生疑，有疑就要多问。大学学习的质疑性原则告诉我们，上大学不仅是来"学"的，而且是来"问"的。多思多问就能使我们深入掌握知识产生的过程，并能获得学习知识、创新知识的方法。

其次，要学会独立思考。大学作业不多，即使有作业大多也没有什么标准答案，需要我们在对专业知识有一定理解、记忆的情况下，更多地去自己体验、归纳、推导、运用、模拟、探索、发现。通过这些思维实践活动过程，寻找知识的真谛。

"鲁班偶然发明了锯"这个耳熟能详的儿时故事，里面蕴含着几种科技创新的品质。一是所有的发明发现都是源于生活生产实践，鲁班正是在砍伐树木的生产实践过程中发现了这种草，发明了锯。二是他善于发现、质疑和思考。一个人上山被野草划破手是常事，一般人自认倒霉也就过去了，但鲁班能从划破手指的疼痛中发现奇迹，并能发挥想象力，联想到了自己的土木建筑锯料劳动。三是他不但发现了、思考了，并且又去尝试了，并坚持到成功。可以想象，他发明锯的过程肯定是经过无数次的尝试才逐渐完善的。

（四）学会劳动

我们这里说的劳动偏重体力劳动，体力劳动中培养的一些好的品质和打下的身心基础，会促进与提升你的脑力劳动。

现代大学生有很多自身的优点，但大多存在着一种影响自身健康成长与发展的人格缺陷——不会劳动，懒于劳动。找工作当中我们看到，学机械的不愿下车间，学建筑的不愿跑工地，学管理的不愿跑市场，这对以后的发展是极为不利的，必须在大学期间想法补上。

劳动是每个人生活和工作必需的，无论科技怎么进步，社会如何发展，我们都不可能脱离劳动。生产力的发展只能降低劳动强度和危险系数，劳动量不可能减少太多，因此需要学会实实在在地劳动，养成良好的劳动习惯。

劳动可以强壮人的体质。调查显示，新一代的身高比上一代有明显增长，但体质尤其是耐受力、爆发力却显著下降。原因之一就是远离了劳动，就连生活中能干、该干的活，如端饭、叠被、洗衣服、拖地等，大多由大人代劳了，在长身体的关键期缺少了劳动锻炼。

劳动可以锻炼我们的心性。劳动可以使我们更深刻地认识世界，促进我们动脑、动手、开发智力、培养技能；使我们学会吃苦耐劳、学会团结协作、学会理解父母；使我们获得健全的人格，从劳动中走出来的人更稳重、更有责任感、更能忍辱负重。

劳动是一所最好的大学，是促进我们全面发展的重要途径。

首先，要积极参加学校组织的各项社会性公益劳动，主动承担班级和宿舍的劳动，如扫地、打水等，在劳动中锻炼自己的身体，修炼自己的品性。

其次，充分利用节假日进行社会实践或打工，在获得经济收入的同时，丰富自己的阅历，在劳动实践中全面提升自己的品格。

最后，积极参加家庭劳动，在劳动中接近父母，理解父母，不要等到"养儿才知报母恩"，然而子欲孝却亲不待！大学生作为将要走上社会的高知人群，现在就应该去体会做父母的不易，敬重和感恩自己的父母。

（五）学会宽容

宽容忍耐是一个人成就事业必备的素质，我们不应该过于计较身边的小事，它会影响你前进的步伐。人生活在人群中，发生争执和摩擦是不可避免的，关键是要用一种平和的心态去对待它。平和的心态来自于你仰望星空，往前看的境界和胸怀。韩信忍胯下之辱成就了一世英名，家喻户晓。

我们要学会忍让，学会包容。我们身边真正的坏人不多，很多都是特定情境下的误解；每个人都有自己的缺点和不足，我们能包容别人，别人也就能包容我们；"一个巴掌拍不响"，和同学发生了摩擦，想想自己是否也有责任，相互道个歉，一笑了之就过去了，别把一些鸡毛蒜皮的小事踢来踢去，踢成阻碍自己事业发展的仇恨袋。

宽容是一种高尚的品德，是一种深厚的涵养，是一种善待生活、善待别人的境界，能够陶冶人的情操，带给人心理的宁静和恬淡；可以改善自己与他人、自己与社会的关系，使自己的心灵得到慰藉和升华。

（六）学会交往

进入大学后，每个同学都希望有一个友善、温暖、和谐的人际关系环境，然而，经过一段时间的集体生活，有的同学人际关系和谐，精神振奋；有的同学人际关系糟糕，心情郁闷，影响学习和生活。调查显示：21%的大学生感到"人际交往"有困难。那么，学生之间如何建立良好的人际关系呢？

1. 平等原则

平等意味着相互尊重，同学间交往的目的主要在于共同完成大学的学习任务，这就决定了同学间人格上的平等和学习上的互助。只要我们主动了解、关心同学，注意不伤害同学的自尊心，就会赢得同学的友谊。

2. 宽容原则

人际交往中经常会发生矛盾，有的是因为认识水平不同，有的是因为脾气性格不同，也有的是因为习惯爱好不同等，相互之间有可能会造成一定的误会，双方如果能以宽容的态度对待彼此，就可以避免很多冲突。

3. 互利原则

在人际交往中了解对方的价值观倾向，多关心、帮助他，保证对方应得的利益，从而维持和发展与他人的良好关系。

4. 信用原则

即诚实、诚信，不相欺，守诺言。只有坦诚相待，互帮互助，才会缔造出永久的友谊。

5. 主动原则

研究表明：大多数人在和他人交往之前都有一种紧张情绪，对别人有一种闭守心理，不愿意向别人伸出友谊之手。假如我们首先开放自己的心态，主动、坦然地去和同学老师交往，这时你会发现，其实别人早在等待你去接纳他，只不过对方也有交往上的弱点，不能向你袒露罢了。给别人一个了解你的机会，你也可以收获许多友谊。

除此之外，我们还要学会生活，学会关心，学会爱，学会合作和竞争等，针对我们要学习的这多方面的内容，我们还要注意去努力建构与此相适应的能力体系，如：学习能力、思维能力、创新能力、谋划能力、交往能力，说明能力、自知能力、自治能力、合作能力、竞争能力、组织协调能力等。

二 在大学怎么学

从前有一位能点石成金的仙人，有一次仙人碰到了一个顽童，就将路旁的一块石头点成了金子送给他，不料这个顽童竟拒绝了这种恩施。顽童对仙人说："你就是给我一座金山我也会用完的，你还是把点石成金的方法教给我吧！"

引申到学习中来，就是知识固然重要，但更重要的是获得知识的方法。古今中外的有识之士，都十分重视学习方法，并把它看成是学习取得成功的必不可少的因素。

学习方法不是学习的捷径，而是踏踏实实学习的程序、学习过程中的各种措施和技巧、方式和途径，它会让我们少走弯路，有学习的成就感，有一定的心理保健功能。

但学习是个人行为，需要在理解一般学习方法的同时，结合自己的学力、性格、气质、习惯、具体学习条件等，摸索出一套适合自己的独特的学习方法。

下面给大家介绍大学学习中，一般学习方法的几个主要环节。

（一）制定学习规划

人生规划的第一步是大学生活规划，核心内容是学习规划。凡事预则立，不预则废。大学学习更是如此，大学里需要我们学习的东西很多，单凭勤奋和刻苦是远远不够的，只有在掌握了大学学习的特点，相应地制定出大学学习规划和计划，才能逐步完成预定的学习目标。同时在实施计划的过程中，还能磨炼自己的意志，养成良好的学习习惯，最大限度地减少时间浪费，提高学习效率。

（二）课前预习

预习就是提前自学老师要讲授的内容。大学的课堂教学内容多，信息广，跨度大，概括性强。听课是大学学习中很重要的一个环节，有效的听课者应该是带着问题进课堂。预习时要把不理解的问题记下来，这样就增加了听课时求知的针对性，这是掌握听课主动权，提高听课效率的主要方法，问题多，思考多，学得深，收获大。

预习不但能使我们发现问题，而且能使我们在课堂上跟老师学会分析问题，解决问题。久而久之，我们就能学会学习。

（三）专心听课

听好课是我们完成好大学学业的重要基础。上课时要排除干扰，保持安静，注意听清内容，集中精力，全神贯注，对老师强调的重点、难点和独到的见解，以及思想和方法要认真做好笔记，课堂上力争弄懂老师所讲的内容，经过认真思考，消化吸收，变成自己的东西，或经过思考提出自己的见解。

（四）及时复习

课后及时复习是巩固所学知识必不可少的学习环节。如果课后用3分钟时间及时整理一下思路，想想学了什么，重点是什么，和旧知识有什么联系等。这3分钟的效果比以后复习3个小时的效果还要好。艾宾豪斯的遗忘规律告诉我们，先快后慢，听课20分钟以后就会遗忘40%的内容。如果及时对所听知识做一个整理加工，记忆的效果就会大大增强。

（五）独立作业

独立作业对于大学生来说，是一个不应该成为问题的问题，可是有些大学生听完课了事，甚至逃课，作业不完成，即使做也是抄抄了事，考试作弊，研究资料造假，论文抄袭。自以为聪明，沾沾自喜，这不能不说是大学生的悲哀！这已不是学习方法的问题，而是诚信品格的问题。

（六）勇于实践

"纸上得来终觉浅，绝知此事要躬行。"古代先哲陆游告诉我们：实践是学习的最好方法。有研究表明，通过阅读所得到的知识，我们能掌握10%；通过听课所得到的知识，我们能掌握15%；通过自己亲身体验所得到的知识，我们却能掌握到80%，因为在实践过程中，调动了听觉、视觉、触觉、味觉、嗅觉等知识进入大脑的五大通道的积极性。那么如何在大学期间，补上实践能力这一课呢？

首先要转变学习观念，变被动学习为主动学习，把自己的学习渗透到实验和实践中去。其次要扩大自己的学习范围，充分挖掘、利用学校和社会的实验和实践资源，满足自己学习、研究和发展的需要。最后要主动加入学生会、班委、社团等组织，在为别人服务的同时，锻炼我们的实践能力；通过大学三年的实践锻炼，毕业后你就会发现，你比别人拥有的更多，因为这些部门或组织，就好像一个小型的社会圈子，你不得不思考应付甚至是敷衍，这些都是收获，都是你以后生活工作中的财富。所以勇于实践，在实践中学习，是大学生最佳的学习方法。

（七）系统总结

大学学习信息量大，知识内容多而深，一个学期往往五六门课。不及时总结和系统整理，就会感到学得又多又乱，又被动。在学习一个阶段后，必须回顾自己的学习情况，以专业为中心，查漏补缺，构建自己的知识结构，并探索学习规律，提高学习质量。培根说："学习不能像蚂蚁，只是收集，也不能像蜘蛛，只是抽丝，而要像蜜蜂，既收集，又整理。"在大学学习中，必须遵循整体性原则，把各种知识作为相互联系的整体来对待。

（八）课外阅读

大学学习应在完成教师规定的课程以外，去选择与学业及自己的兴趣有关的书籍来读，充分发挥、发展自己的自学能力。如前所述，科学发展很快，学科之间既分化又综合的时代特点，使每个学科都显得纠结复杂，一门学科上的建树，往往离不开另外学科上的功底。因此博览群书，获得宽厚的知识基础是大学学习的又一个基本目标。

课外阅读需要注意以下几点：

第一,阅读要有目的、有计划、有选择。阅读要有利于专业知识的学习,有利于满足自己的兴趣和发挥自己的特长,有利于完善自己的人格和能力体系,"三个有利于"是我们课外阅读的原则。

第二,讲究读书的方法和艺术。读书讲究方法,我们把确定要读的书分为三类:第一类是浏览;第二类是通读;第三类是精读。浏览可粗,通读要快,精读就要细细品味,深入思考。这样就能在较短的时间读较多的书,既广泛地了解最新科学文化信息,又能深入思考研究重要理论知识。

第三,学会使用图书馆和互联网。熟练和充分使用图书馆资源,是大学生必备的技能之一。同时互联网也是一个巨大的资源库,大学生可以借助搜索引擎,在网上查找和求证各类信息,查考这些信息的真伪和科学性,以便我们学习或引用。

第四,注意养成良好的阅读习惯。读书要勤于思考,多疑多问,并尽力读出或问出、想出答案;还要注意把所见所想的主要观点,发现的问题等记下笔记,养成不动笔墨不读书的习惯。这样才能积累知识,积累财富。

大学没有你想象中的精彩,但只要你学习得法,努力了,奋斗了,他会给你带来你想不到的精彩。

第三节 文明礼仪学习

一 校园十大礼仪

（一）接访礼仪

（1）尊重来宾（领导、专家等），在校园公共场所遇到来宾应主动停下，微微鞠躬问好。如遇到来宾提问，要彬彬有礼，认真回答。

（2）来宾进入教室、会场等场所时，要起立鼓掌欢迎他们的到来，保持良好的精神状态，遵守教室、会场纪律，不吸烟，不交头接耳，关闭通信工具。结束时，要起立鼓掌欢送来宾，待来宾离开后再离开。

（3）遇有来宾召集访谈，应按预约的时间提前15分钟到达指定地点，衣着整洁、朴素大方，举止文明、行为得体，关闭通信工具。要把握语言技巧，发言要有准备，不说不负责任的、有损学院形象的话。

（4）来宾进入教室、学生宿舍时，学生应主动起立问好并让座，来宾离开时起身送行。

（二）穿着礼仪

（1）着装整洁，大方得体，不穿奇装异服和过分暴露的服装。

（2）不佩戴与学生身份不符的饰物，上课不穿拖鞋。

（3）男生不蓄长发或染发、不佩戴耳环，女生不留奇怪发型或染彩色头发。

（三）言行礼仪

（1）语言文明，使用礼貌用语。如：您好、请（进、坐）、欢迎您（光临、参观、指导）、谢谢、没关系、对不起、再见、晚安等。音量适中，讲普通话，不说粗话。

（2）男女交往举止得体，在公共场所的行为不超乎一般同学关系。

（3）上下楼、过楼道靠右行；出入各功能室轻声慢步；起身和落座时不发出声响；抽屉、窗户要轻轻拉推；不影响他人，保持安静。爱护公物，讲究卫生，不践踏草坪；不在校园内乱写、乱画、乱张贴；不随地吐痰，不乱扔垃圾。

（四）尊师礼仪

（1）对老师要有礼貌，遇到老师主动打招呼，虚心听取老师教诲，接受老师教导，服从老师管理，不顶撞老师。

（2）进办公室要喊"报告"，得到同意后方可入内；问老师要用"请问"，老师回答后要道谢，说"再见"后再离开；不随便翻阅老师办公室的东西；不私自打开老师的计算机或抽屉。

（3）与老师交谈时，要起立并主动给老师让座。

（4）老师在办事或与别人在交谈时，不可随意打扰老师，应耐心在一旁等候，等老师办完事或谈完话后再找老师。

（五）课堂礼仪

（1）应按要求提前进入教室，准备好课堂用品。

（2）上课不迟到、不早退，关闭通信工具。学生若迟到，应在门口喊"报告",得到老师允许后进入教室,迅速坐好,应尽量减少对课堂秩序的干扰。

(3)上下课要互致问候,上课开始时,老师说"上课"后,班长喊"起立",全体学生起立向老师致敬,说"老师好",老师微微鞠躬致意,回应说"同学们好"。

(4)学生在课堂上准确提问或回答问题先举手,得到允许后,方可站好回答;回答问题时要用普通话,站姿、表情大方,声音清朗洪亮,其他同学应保持安静,仔细聆听,问题回答完毕,老师示意后方可坐下。

(5)晚自习时间学生不要在教室或附近走廊高声谈话、唱歌、接打电话。

(6)自觉维护教室的卫生,不在教室内吸烟、吃早餐或其他食品,更不能将食品包装袋丢在教室抽屉里。课前值日生要认真清扫课桌、擦净黑板,不乱扔杂物、不随地吐痰,课后要清理抽屉,打扫教室内外卫生;白天和晚上离开教室要关灯。

(7)对教学过程中所用的仪器、设备、设施等公共财物,要珍惜爱护,做到不在课桌及墙壁乱写、乱涂、乱刻和乱踏;不私自拆卸、损坏或取走教室内的任何设备。

(8)在实验室、实训室上课要听从老师指导,遵守实验室、实训室的规章制度,实验、实训结束后,要自觉放好仪器设备等。

(六)会场礼仪

(1)参加会议、听报告要在规定时间提前到达,按指定地点整齐就座,保持安静,不早退,不随便进出。当报告人到来时,报以热烈的掌声;会议结束后要有序退场。

（2）在报告过程中，应端坐静听，不交头接耳，不窃窃私语，不打瞌睡；报告人说到精彩处应鼓掌表示赞同；报告结束，应以长时间的热烈掌声表示感谢。

（3）会议如有上级领导或客人参加，应在他们到达时以热烈的掌声表示欢迎，离场时应让领导和客人先走，并以热烈的掌声欢送。

（七）餐厅礼仪

（1）节约粮食，文明就餐，不相互喂食。

（2）维护食堂秩序，排队打饭，相互谦让，饭后自觉送餐盘。

（3）维护食堂卫生，不随地吐痰，不乱扔杂物。

（4）尊重食堂工作人员的人格和劳动，不与食堂工作人员争吵，不得辱骂、殴打工作人员，不得有其他无理行为。

（八）图书馆礼仪

（1）进馆读者需讲文明礼貌，衣装整齐，不穿拖鞋入馆。

（2）自觉维护图书馆的学习秩序，保持安静，不得大声喧哗，并将手机及其他电子产品调整为无声状态。馆内请勿拨打、接听手机，不做与学习无关的事情。

（3）维护馆内清洁卫生，不在馆内吃东西、喝饮料，不随地吐痰和乱扔废弃物。

（4）对于图书馆里的书刊、报纸，阅后应及时归位，不要一人同时占用两本以上书刊，以免妨碍他人的借阅。

（5）爱护书刊资料，请勿涂画、撕页、污损或带走，不得在图书、杂志上乱写乱画。

（6）严格遵守图书馆各项规章制度，尊重图书馆工作人员，服从工作人员管理。

（九）交往礼仪

（1）同学之前交往应使用礼貌用语，说话态度诚恳、谦虚，语调要平和，听他人说话要专心，不轻易打断话题。

（2）尊重他人，不给别人取绰号或叫别人的绰号，不说使他人感到伤心、羞愧的话。

（3）同学之前互助互爱，主动帮助有困难的同学。

（4）向他人借东西，要先征得其同意，对他人东西要特别爱护，应按时归还。

（5）不在他人面前说长论短、搬弄是非。

（十）宿舍礼仪

（1）宿舍内要保持清洁，箱子、衣服、鞋帽、日用品等应放在指定位置。

（2）不往窗外或楼下倒水、扔东西、吐口水。

（3）按时就寝，不得进行任何影响他人休息的活动。

（4）同学之间要和睦相处，互相帮助。

（5）在上课、就寝时间，学生不得在宿舍内喝酒、打牌、弹奏乐曲、玩网络游戏，或有妨碍他人学习或休息的其他行为。

（6）学生到他人宿舍，应先敲门，得到允许后方可进入；非经宿舍管理人员同意，男、女生不能互串宿舍。

（7）在学生宿舍亲友来访应引至室外交谈为宜；老师、同学、亲友来访，应热情接待，主动问候。

（8）开关门窗，用力要轻；损坏宿舍室内设施应主动赔偿。

二 校园文明"十不准"

1. 不准随地吐痰和乱扔纸屑垃圾。
2. 不准打架骂人、说脏话、集会时不喧哗。
3. 不准在校园追逐、打闹。
4. 不准在楼梯、楼道内拥挤喧哗。
5. 不准破坏校园设施、花草树木。
6. 不准在校园内吸烟。
7. 不准浪费学习用品、水资源，不比吃穿、不乱花钱。
8. 女生不准穿奇装异服或染发，男生不准蓄长发或染发、佩戴耳环。
9. 不准拉帮结伙，恃强凌弱。
10. 不准触摸电器，攀高、玩火、带危险物品入校园。

三 校园文明"十提倡"

1. 提倡看到纸屑垃圾随手捡起。
2. 提倡使用"请""对不起""谢谢"等文明用语。
3. 提倡课间活动要文明。
4. 提倡上下楼梯讲秩序。
5. 提倡爱护校园一草一木。
6. 提倡严守交通安全，安全有序离、入校。
7. 提倡节约，注意饮食。
8. 提倡佩戴规范，仪表整洁。
9. 提倡互帮互助，真诚友爱。
10. 提倡珍惜生命，远离危险。

第三章

规章制度

第一节

娄底职业技术学院大学生守则

一、**志存高远，坚定信念**。拥护党的领导，热爱社会主义制度，用习近平新时代中国特色社会主义思想武装头脑。有理想、有本领、有担当，立足中国，放眼世界，努力成长为德智体美劳全面发展的社会主义建设者和合格接班人。

二、**热爱祖国，服务人民**。弘扬民族精神，维护国家利益和民族团结。不参与违反四项基本原则、影响国家统一和社会稳定的活动。培养同人民群众的深厚感情，正确处理国家、集体和个人三者利益关系，增强社会责任感，甘愿为祖国为人民奉献。

三、**发奋学习，自强不息**。明确学习目的，端正学习态度，热爱所学专业；按时上课，不迟到、不早退、不旷课，上课时关闭通信工具或将其调为静音；专心听讲，勤学好问，刻苦钻研，勇于创新；积极参加职业技能培训，并取得相应证书。

四、**学以致用，勤于实践**。学会学习、广泛猎取各方面知识，积极参加各项社会实践和社团活动，在实践中巩固学习成果，做到理论与实践相结合，增强动手实践能力。

五、**遵纪守法，严于律己**。自觉遵守宪法和法律规定，遵守校纪校规；不参加邪教组织和封建迷信活动，按时就寝，不晚归、不夜不归宿；自觉抵制黄、赌、毒等不良诱惑，不沉溺上网，不在校园内喝酒，不在公共场所抽烟，不出借、出租、出售银行卡、手机卡、支付宝账号、微信账号、QQ钱包，不下河下塘游泳，不从事或者参与有损大学生形象、有损学校声誉、有悖社会公序良俗的活动；敢于并善于同各种违法违纪行为作斗争；增强安全意识，防止意外事故。

六、明礼诚信，团结友善。 弘扬传统美德，遵守社会公德，男女交往文明；仪表端庄、高雅大方、穿戴整洁、举止得体，不袒胸露背，不穿超短裤（裙）、拖鞋出入公共场合；恪守诚信之德，履约践诺、知行统一，如实申报家庭经济困难状况，考试不作弊、不抄袭作业、不剽窃他人科技和文化成果；尊敬师长、友爱同学、团结合作、礼貌待人；爱护公物、讲究卫生、保护环境；遵守交通规则、注意交通安全、不违章骑车。

七、热爱劳动，勤俭节约。 以劳动为荣，不怕脏、不怕苦、不怕累，珍惜他人和社会劳动成果；爱惜粮食、节约水电、生活俭朴、不讲阔气，不相互攀比消费，不追求超越自身和家庭实际的物质消费。

八、热爱生活，强健体魄。 积极参加文体活动，坚持锻炼身体，提高身体素质；关注心理健康，提高心理品质；珍爱生命，学会生活，乐观宽容，提高社交能力。

九、磨砺意志，陶冶情操。 得意不忘形，失意不失志，永不懈怠，奋发向上；提高文化和艺术修养，学会发现美、鉴别美、欣赏美、创造美，培养高雅的审美情趣、陶冶高尚的道德情操。

第二节 娄底职业技术学院学生管理规定

第一章 总则

第一条 为规范学校学生管理，维护学校正常教育教学和生活秩序，保障学生合法权益，促进学生身心健康，规范学生日常行为，培养德、智、体、美、劳全面发展的社会主义建设者和接班人，依据《中华人民共和国高等教育法》《普通高等学校学生管理规定》（教育部第41号令）以及其他相关法律、法规和文件，结合我校实际，特制定本规定。

第二条 本规定适用本校对接受普通高等学历教育的专科学生（含五年制高职学生）。

第三条 学校坚持社会主义办学方向，坚持马克思主义指导地位，全面贯彻国家教育方针；学校以立德树人为根本，以理想信念教育为核心，培育和践行社会主义核心价值观，弘扬中华优秀传统文化和革命文化、社会主义先进文化，培养学生的社会责任感、创新精神和实践能力；学校依法治校，科学管理，健全和完善管理制度，规范管理行为，将管理与育人相结合，不断提高管理和服务水平，努力培养社会主义合格建设者和可靠接班人。

第四条 学生应当拥护中国共产党领导，努力学习马克思列宁主义、毛泽东思想、中国特色社会主义理论体系，深入学习习近平总书记系列重要讲话精神和治国理政新理念新思想新战略，坚定中国特色社会主义道路自信、理论自信、制度自信、文化自信，树立中国特色社会主义共同理想；应当树立爱国主义思想，具有团结统一、爱好和平、勤劳勇敢、自强不息精神；应当增强法治观念，遵守宪法、法律、法规，遵守公民道德规范，遵守学校管理制度，具有良好的道德品质和行为习惯；应当刻苦学习，勇于探索，积极实践，努力掌握现代科学文化知识和专业技能；应当积极锻炼身体，增进身心健康，提高个人修养，培养审美情趣。

第五条 学校实施学生管理，尊重和保护学生的合法权利，教育和引导学生承担应尽的义务与责任，鼓励和支持学生实行自我管理、自我服务、自我教育、自我监督。

第二章 学生的权利与义务

第六条 学生在校期间依法享有下列权利：

（一）参加学校教育教学计划安排的各项活动，使用学校提供的教育教学资源；

（二）参加社会实践、志愿服务、勤工助学、文娱体育及科技文化创新等活动，获得就业创业指导和服务；

（三）申请奖学金、助学金及助学贷款；

（四）在思想品德、学业成绩等方面获得科学、公正评价，完成学校规定学业后获得相应的学历证书；

（五）在校内组织、参加学生团体，以适当方式参与学校管理，对学校与学生权益相关事务享有知情权、参与权、表达权和监督权；

（六）对学校给予的处分或者处理有异议的，可向学校、教育行政部门提出申诉；对学校、教职员工侵犯其人身权、财产权等合法权益行为的，可提出申诉或者依法提起诉讼；

（七）法律、法规及学校章程规定的其他权利。

第七条 学生在校期间依法履行下列义务：

（一）遵守宪法、法律、法规；

（二）遵守学校章程和规章制度；

（三）恪守学术道德，坚守学术诚信，努力学习，完成规定学业；

（四）按规定按时缴纳学费和有关费用，履行获得助学金及助学贷款的相应义务；

（五）遵守学生行为规范，尊敬师长，养成良好的思想品德和行为习惯；

（六）遵守法律、法规及学校章程规定的其他义务。

第三章　学籍管理

第八条 学生入学与注册、转专业与转学、休学与复学、留级与退学等学籍管理方面按照《娄底职业技术学院学生学籍管理实施细则》执行。

第四章　校园秩序与课外活动

第九条 学校、学生应当共同维护校园正常秩序，保障学校环境安全、稳定，保障学生的正常学习和生活。

第十条 学校建立和完善学生参与管理的组织形式，支持和保障学生依法、依章程参与学校管理。

第十一条 学生应当自觉遵守公民道德规范，自觉遵守学校管理制度，创造和维护文明、整洁、优美、安全的学习和生活环境，树立安全风险防范和自我保护意识，保障自身合法权益。

第十二条 学生不得有酗酒、打架斗殴、赌博、吸毒，传播、复制、贩卖非法书刊和音像制品等违法行为；不得参与非法传销、邪教和封建迷信活动；不出借、出租、出售银行卡、手机卡、支付宝账号、微信账号、QQ钱包；不下河下塘游泳；不得从事或者参与有损大学生形象、有损学校声誉、有悖社会公序良俗的活动。学校发现学生在校内有违法行为或者因患严重精神疾病可能对他人造成伤害的，可以依法采取或者协助有关部门采取必要措施。

第十三条 学校坚持教育与宗教相分离原则。任何组织和个人不得在学校进行宗教活动。

第十四条 学校建立健全的学生组织管理制度，为学生会、校团委、学生社团联合会、学生宿舍管理中心、文明建设管理站、教导大队等学生组织开展活动提供必要条件，支持其在学生管理中发挥作用。

学生可以按照《娄底职业技术学院学生社团管理办法》在校内组织、参加学生团体。学生成立团体，应当按《娄底职业技术学院学生社团管理办法》提出书面申请，报学校批准。

学生团体应当在宪法、法律、法规和学校规章制度范围内活动，接受学校的领导和管理。学生团体邀请校外组织、人员到校举办讲座等活动，需经学校批准。

第十五条 学校提倡并支持学生及学生团体开展有益于身心健康、成长成才的学术、科技、艺术、文娱、体育等活动。

学生进行课外活动不得影响学校正常的教育教学秩序和生活秩序。学生集会、集体外出活动应遵守《娄底职业技术学院学生集会制度》《娄底职业技术学院学生集体外出活动管理制度》。

学生参加勤工助学活动应当遵守法律、法规以及学校有关管理制度。

第十六条　学生举行大型集会、游行、示威等活动，应当按法律程序和有关规定获得批准。对未获批准的，学校依法劝阻或制止。

第十七条　学生应当遵守国家和学校关于网络使用的有关规定，不得登录非法网站和传播非法文字、音频、视频资料等，不得编造或者传播虚假、有害信息；不得攻击、侵入他人计算机和移动通信网络系统。

第十八条　学生应当遵守《娄底职业技术学院学生公寓管理制度》。鼓励和支持学生通过制定公约，实施自我管理。

第五章　奖励与处分

第十九条　学校对在德、智、体、美、劳等方面全面发展或者在思想品德、学业成绩、科技创造、技能竞赛、体育竞赛、文艺活动、志愿服务、社会实践和创新创业等方面表现突出的学生，给予表彰和奖励，也可推荐参加有关部门或上一级组织给予的表彰和奖励。

第二十条　对学生的表彰和奖励按照《娄底职业技术学院学生奖励办法》授予荣誉称号，颁发奖学金等多种形式，给予相应的精神鼓励和物质奖励。

第二十一条　对有违法、违规、违纪行为的学生，学校根据情节轻重按照《娄底职业技术学院学生违纪处理办法》给予批评教育或纪律处分。

第二十二条　学校成立学生工作委员会，负责对学生奖励、重大违纪处分等工作进行研究。学生工作委员会主任由学校分管学生工作的校领导担任，成员由学生工作处、教务处、保卫处和团委负责人、医学部、中职部和各二级学院党总支书记、学工副院长（学工副主任）组成。

学生工作委员会办公室设学生工作处（综合楼210办公室）。

第二十三条 学校给予学生处分，坚持教育与惩戒相结合，与学生违法、违规、违纪行为的性质和过错的严重程度相适应。相关部门、单位对学生的处分，应当做到证据充分、依据明确、定性准确、程序正当、处分适当。

第二十四条 在对学生作出处分或者其他不利决定之前，相关部门、单位应告知学生作出决定的事实、理由及依据，告知学生享有陈述和申辩的权利，听取学生的陈述和申辩。

第二十五条 学生在处分期间，能主动改正错误、自觉遵守学校制度、有突出表现的，可以在规定期限后申请解除处分；解除处分后，学生获得表彰、奖励及其他权益，不再受原处分的影响。受处分学生在处分期间继续违纪，则加重处分。

第二十六条 解除学生处分的程序：

（一）由二级学院行文处分的学生，处分期满，受处分学生本人填写《申请解除处分申报表》，班委会、辅导员出具学生表现证明，二级学院研究决定，报学生工作处备案后（医学部的处分医学部备案），由二级学院行文解除处分；

（二）由学校行文处分的学生，处分期满，受处分学生本人填写《申请解除处分申报表》，班委会、辅导员出具学生表现证明，二级学院签署鉴定意见，学生工作处审核，学生工作委员会研究，研究决定后由学校行政行文解除处分。

第六章　学生申诉

第二十七条 学校成立学生申诉处理委员会，负责受理学生对处理或者处分决定不服提出的申诉。

学生申诉处理委员会主任由学校分管学生工作的校领导担任，成员由学生工作处、教务处、保卫处、团委主要负责人，学校法律顾问，医学部、中职部和各二级学院党总支书记、学工副院长（学工副主任），校学生会执行主席组成。学生申诉处理委员会办公室设学生工作处（综合楼210办公室）。

第二十八条 学生对学校的处理或者处分决定有异议的，可以在接到学校处理或者处分决定文件之日起10个工作日内，向学生申诉处理委员会提出书面申诉。

第二十九条 学生申诉处理委员会对学生提出的申诉进行复查，并在接到书面申诉之日起15个工作日内作出复查结论并告知申诉人。情况复杂不能在规定限期内作出结论的，经学生申诉处理委员会主任批准，可延长15个工作日。学生申诉处理委员会认为必要的，可以建议学校暂缓执行有关决定。

学生申诉处理委员会经复查，认为作出处理或者处分的事实、依据、程序等存在不当，可以作出建议撤销或变更的复查意见，要求相关职能部门予以研究，重新提交学生工作委员会研究作出决定。

第三十条 学生对复查决定有异议的，在接到学校复查决定书之日起15个工作日内，可以向省教育厅提出书面申诉。

第三十一条 自处理、处分或者复查决定书送达之日起，学生在申诉期内未提出申诉的视为放弃申诉，学校不再受理其提出的申诉。

处理、处分或者复查决定书未告知学生申诉期限的，申诉期限自学生知道或者应当知道处理或者处分决定之日起计算，但最长不得超过6个月。

第七章 附 则

第三十二条 第一章、第二章、第四章、第五章、第六章由学生工作处负责解释,第三章由教务处负责解释。接受中等教育和成人高等学历教育的学生参照执行。

第三十三条 本规定自发文之日起实施。原《娄底职业技术学院学生管理暂行规定》(娄职院发〔2017〕31号)同时废止。学校其他有关文件规定与本规定不符的,以本规定为准。本管理规定与省、国家有关政策、制度不一致的,以省、国家最新政策、制度为准。

第三节 娄底职业技术学院学生学籍管理实施细则

总 则

为了加强学生学籍管理，保证学校正常的教育教学秩序，维护学生的合法权益，促进学生全面发展，根据《中华人民共和国高等教育法》《普通高等学校学生管理规定》（教育部第41号令）、《关于加强高等职业院校教育教学管理的若干意见》（湘教发〔2013〕17号）、《高等学校学生学籍学历电子注册办法》（教学〔2014〕11号）和《教育部办公厅关于进一步规范普通高等学校转学工作的通知》（教学厅〔2015〕4号）以及其他相关法律法规，结合我校实际，特制定本细则。

第一章 学制与学习年限

第一条 娄底职业技术学院全日制专科基本学制为三年或五年。实行学年学分制，各专业学生符合人才培养方案规定的毕业标准的，方可毕业。凡在基本学习期限内未能达到毕业要求的、或因休学、辅修而不能按期毕业的学生，允许延期完成学业，但三年制大专学生在校累计学习时间不超过四年，最长学习期限不超过五年（含休学），五年一贯制大专学生在校累计学习时间不超过六年，最长学习期限不超过七年（含休学）。

第二章　入学与注册

第二条　按照国家招生规定被我校正式录取的新生，持录取通知书，按学校有关要求和规定日期到校办理入学手续。因故不能按期入学者，应提前向学校请假，假期一般不超过两周。未请假或请假逾期者，除因不可抗力等正当事由以外，视为自动放弃入学资格。

第三条　因患有疾病（不属于不符合招生条件的疾病）的新生，经学校指定的三级甲等医院（以下简称医院）诊断不宜在校学习的，经本人申请，学校批准，可以保留入学资格一年。在保留入学资格期内经治疗康复者，可在下一学年新生入学时，向学校提出入学申请，附医院诊断证明，由学校指定医院复查合格后，重新办理入学手续。复查不合格或逾期一个月不办理入学手续者，取消其入学资格。

第四条　应征入伍的新生，按照《应征入伍普通高等学校录取新生保留入学资格及退役后入学办法（试行）》（教学〔2013〕8号），由新生本人（或委托他人）填写《应征入伍普通高等学校录取新生保留入学资格申请表》，按相关程序办理保留入学资格手续。可在退役后两年内，向学校提出入学申请，并在我校当年新生入学时，办理入学手续，逾期不办理入学手续，视为自动放弃入学资格。

保留入学资格者不具有学籍，不享受在校生待遇。

第五条　新生入学三个月内，学校按照国家招生规定进行复查，复查内容主要包括以下方面：

（一）录取手续及程序等是否合乎国家招生规定；

（二）所获得的录取资格是否真实、合乎相关规定；

（三）本人及身份证明与录取通知、考生档案等是否一致；

（四）身心健康状况是否符合报考专业或者专业类别体检要求，能否保证在校正常学习、生活；

（五）艺术、体育等特殊类型录取学生的专业水平是否符合录取要求。

复查中发现学生存在弄虚作假、徇私舞弊等情形的，取消学籍；情节严重的，移交有关部门调查处理。

复查中发现学生身心状况不适宜在校学习，经学校指定的医院诊断，需要在家休养的，可以按照第三条规定保留入学资格。

第六条 每学期开学时，学生应当自开学报到之日起一个月之内缴清学费及其他相关费用，凭班级报到注册表和有效身份证到教务处办理注册手续；不能如期注册的，应当履行暂缓注册手续。未按学校规定缴纳学费或者有其他不符合注册条件的，不予注册。未经请假或请假未准而逾期两周（含两周）不注册者，视为自动放弃学籍，按退学处理。

家庭经济困难的学生（依据《经济困难学生界定办法》认定），可以申请贷款及其他形式资助或者申请缓交，办理有关手续后注册。

第七条 五年一贯制大专学生转段入学时（第四学年第一学期），学生应当自转段入学报到之日起，一个月之内按要求和规定办理入学手续，缴纳学费及相关费用，到教务处办理转段注册手续。未经请假或请假未准而逾期两周（含两周）不办理转段注册者，视为放弃学籍，按自动退学处理。

第三章　转专业与转学

第八条 学生无特殊情况一般不予转专业。正式录取报到入学的学生，最多可以转一次专业，转专业时间为第二、三学期的开学两周内。

第九条 学生有下列情形之一者，可以按学校规定转专业：

（一）学生确有专长，转专业更能发挥其特长；

（二）学生入学后发现某种疾病或生理缺陷，经学校指定医院诊断证明，不能在原专业学习，但尚能在其他专业学习；

（三）经学校认可，学生确有某种特殊困难，不转专业无法继续学习；

（四）休学创业或退役后复学的学生，因自身情况需要转专业；

（五）学校根据社会对人才需求情况的发展变化，需要适当调整专业。

第十条 学生有下列情况之一者，不得转专业：

（一）入学未满一学期；

（二）以特殊招生形式（如单独招生、五年一贯制、三二分段制、艺术类、体育类、直招士官生等）录取的学生，国家有相关规定或者录取前与学校有明确约定的；

（三）降分录取；

（四）原专业所学课程有不及格；

（五）因违纪违规受警告及以上处分未撤销；

（六）第二次转专业。

第十一条 学生转专业，应由学生本人在规定的时间内，向所在二级学院提出申请，填写《娄底职业技术学院学籍异动申请表》，提供相关资料，经转出二级学院和转入二级学院同意，学生工作处和招生就业处对学生去向和转专业条件进行审核并签字盖章，教务处全面审核合格后，报学校分管教学工作的校领导批准，方可进入新专业就读。

第十二条 学生原则上应在本校完成学业，因患病或者有特殊困难、特别需要，无法继续在本校学习或者不适应本校学习要求的，可以申请转学。有下列情形之一者，不得转学：

（一）入学未满一学期或者毕业前一年的；

（二）高考成绩低于拟转入学校相关专业同一生源地相应年份录取成绩的；

（三）由低学历层次转为高学历层次的；

（四）以定向就业、艺术类、体育类、高水平艺术团、高水平运动队等特殊招生形式录取的；

（五）未通过普通高等学校招生全国统一考试或未使用高考成绩录取入学的（含单独招生、五年一贯制、三二分段制等）；

（六）拟转入学校与转出学校在同一城市的；

（七）降分录取的；

（八）跨专业大类的；

（九）应予退学的；

（十）其他无正当理由的。

因学校培养条件改变等非本人原因需要转学的，学校出具证明，由所在地省级教育行政部门协调转学到同层次学校。

第十三条 学生转学的时间为每年的四月份或十月份。

转出程序：学生向教务处提交《娄底职业技术学院学籍异动申请表》《湖南省普通高校学生转学备案登记表》（一式四份），提供与转学理由和要求相吻合的证明材料，经转出二级学院初审同意，学生工作处、招生就业处和教务处复审同意，报学校分管教学工作的校领导批准，可以联系拟转入学校办理相关手续。

转入程序：学生向教务处提供经转出学校审核同意的《湖南省普通高校学生转学备案登记表》一式四份，提供与转学理由和要求相吻合的证明材料，经教务处与拟转入二级学院初审，报学校校长办公会或者专题会议研究决定，符合转入条件的，对转学情况公示一周无异议，可以办理转学手续。

跨省转学的，由转出地省级教育行政部门商转入地省级教育行政部门，按转学条件确认后办理转学手续。须转户口的由转入地省级教育行政部门将有关文件抄送转入学校所在地的公安机关。

第十四条 学生因患病要求转学的，须提供学校指定医院的检查和诊断证明，以及相关治疗证明、学校日常管理（如因病请假、申请休学）等证明材料；因特殊困难、特殊需要要求转学的，须提供父母单位证明、家庭所在社区（街道、居委会）证明及其他相关支撑材料。

第十五条 学生转专业或转学后，应按转入专业的人才培养方案修读课程，其原来所修读课程的成绩是否有效或部分有效，由转入二级学院会同教务处审核决定，并把学生补修转入专业课程的计划报教务处备案。

第四章 休学与复学

第十六条 学生因患重大疾病、应征参加中国人民解放军（含中国人民武装警察部队）、创业，可以申请办理休学手续。

第十七条 学生休学时间一般为一年；因伤、病休学的，经学校批准，可连续休学两年，但累计休学次数不得超过2次，累计休学时间不得超过两年。

第十八条 学生休学期间，学校为其保留学籍，但不享受在校学习学生待遇；应征参加中国人民解放军（含中国人民武装警察部队）的，学校保留其学籍至退役后2年。

第十九条 学生办理休学，需本人填写《娄底职业技术学院学籍异动申请表》，附医院疾病诊断证明、应征入伍通知书或创业相关证明材料，经家长签字，所在二级学院同意，报学生工作处、招生就业处和教务处审核，报学校分管教学工作的校领导批准，方可休学。

第二十条 学生应在休学期满一周内提出复学申请，经学校复查合格，方可复学。

因伤、病休学的学生，须有医院诊断证明其已恢复健康，并经学校指定医院复查合格，方可复学。

应征入伍的退役学生，于退出现役之日起两年以内，向学校提出复学申请，附上"退出现役证书"复印件，经学校批准，可以复学。

因创业休学的学生，于创业期满后，向学校提出复学申请，附上学生开展创新创业学习和考核、创新实践、发表论文、产品设计、获得专利和自主创业等材料复印件，经学校批准，可以复学。

复学后，原则上编入原专业的后续年级学习。如后续年级本专业停招，则编入相近专业。

第二十一条 休学期间，如有严重违法乱纪者，取消其复学资格；休学学生在休学期满一周内未办理复学手续，取消其复学资格，作自动退学处理。

第二十二条 学生复学办理程序：

学生本人填写《娄底职业技术学院学籍异动申请表》，附证明材料，经学生所在二级学院同意，报学生工作处、招生就业处和教务处审核，报学校分管教学工作的校领导批准，方可复学。

第五章 留级与退学

第二十三条 学生有下列情况之一者，应予留级：

（一）学生本人申请；

（二）休学时间超过一年（包括一年）的学生。

第二十四条 留级学生原则上随本专业下一个年级学习，若本专业下一个年级没有招生，可安排到相近的其他专业学习。已获得课程的学分及成绩仍然有效，相应课程可以免考。

第二十五条 学生有下列情况之一者，学校可予退学处理：

（一）学业成绩未达到学校要求，或者在学校规定的学习年限内未完成学业；

（二）休学、保留学籍期满，在学校规定期限内未提出复学申请，或者申请复学经复查不合格；

（三）经学校指定医院诊断，患有疾病或意外伤残，无法继续在校学习；

（四）未请假离校、连续两周未参加学校规定的教学活动；

（五）超过学校规定期限未注册而又未履行暂缓注册手续；

（六）一学年内因病或因事缺课超过教学总学时三分之一。

学生本人申请退学的，经学校审核同意后，办理退学手续。

第二十六条 申请退学由学生本人填写《娄底职业技术学院学籍异动表》，连同有关材料，经所在二级学院签署意见，报学生工作处与教务处审核，报学校分管教学工作的校领导批准后作退学处理。

第二十七条 其他退学情况的处理，由学生所在二级学院提出申请、签署意见，连同有关材料，报学生工作处、教务处和学生工作委员会审核，由学校分管学生工作的校领导提请校长办公会议研究审定，出具退学决定书送本人，无法送交的在娄底职业技术学院校园网上公告，公告之日起七日即视为送达，同时将其作退学处理。

第二十八条 学生如对退学处理有异议，可以在退学通知送达之日起五个工作日内，向学生工作委员会提出书面申诉。学生工作委员会按程序受理并处理。

第二十九条 退学学生应当按学校规定期限办理退学手续离校，学校发给退学证明。退学学生的档案由学校退回其家庭所在地，户口应当按照国家相关规定迁回原户籍地或者家庭户籍所在地。

第六章 毕业、结业与肄业

第三十条 学生在学校规定的学习年限内，修满规定的学分，达到人才培养方案规定的毕业标准，准予毕业，缴清学费及其他费用，发给毕业证书。

第三十一条 学生在学校规定的学习年限内，修完专业人才培养方案规定内容，但有下列情况之一者，准予结业，发给结业证书。

（一）修完基本学制，课程考核不合格；

（二）达到专业人才培养方案规定的最低标准，但受留校察看处分尚未解除。

因课程考核不合格而结业的学生，可在学校规定的最长学习年限内申请重修，考试通过，重新核发毕业证书；如在学校规定的最长学习年限内，达不到专业人才培养方案规定的最低标准者，做永久结业处理。因受留校察看处分尚未解除而结业的学生，察看期满，确有悔改表现并考核合格者，经学生工作处审核，分管教学与学生工作的校领导批准，重新核发毕业证书；察看期满考核不合格者，做永久结业处理。合格后颁发的毕业证书，毕业时间按发证日期填写。

第三十二条 对退学学生，可核发肄业证书或者写实性学习证明。

学习满一学年以上的，可以核发肄业证书；学习不足一学年的，发写实性学习证明。

第七章　学业证书管理

第三十三条 学校严格按照招生时确定的办学类型和学习形式，以及学生招生录取时填报的个人信息，填写、颁发学业证书。

学生在校期间变更姓名、出生日期等证书需填写的个人信息的，应当有合理、充分的理由，提供有法定效力的相应证明文件。

第三十四条 对违反国家招生规定取得入学资格或者学籍的，学校将取消其学籍，不予发放学业证书；已发的学业证书，学校依法予以撤销。对以作弊、剽窃、抄袭等学术不端行为或者其他不正当手段获得学业证书的，学校依法予以撤销。

被撤销的学业证书已注册的，学校予以注销并报教育行政部门备案。

第三十五条 毕业证书遗失或者损坏，不能补发。经本人申请，提供毕业证书遗失、损坏原因及有关证明材料，申请人在省级以上报刊声明原毕业证书作废的材料，及申请人近期二寸免冠照片两张，经教务处核实，学校审定后，符合规定的，可以补发毕业证明书。毕业证明书与原毕业证书具有同等效力。

第八章 附 则

第三十六条 学生的考勤与请销假，参照《娄底职业技术学院学生考勤制度》执行。学生的考核与成绩记载，参照《娄底职业技术学院学生课程考核规范》执行。

第三十七条 本实施细则适用于娄底职业技术学院全日制普通专科学生。以往有关学籍管理规定与本实施细则不一致的，以本实施细则为准；本实施细则与省、国家有关政策、制度不一致的，以省、国家最新政策、制度为准。

第三十八条 教务处是学院学籍管理的职能部门，负责制定学院学生学籍管理制度并督促实施。各二级学院是本学院学生学籍管理工作的责任主体，负责对本学院学生入学注册、转学、转专业、休学、复学、留级、退学、毕业、结业等学籍管理工作进行初审和把关；学生工作处、招生就业处等相关职能处室配合教务处和二级学院做好学生学籍管理工作。

第三十九条 本实施细则由教务处负责解释。

第四节 娄底职业技术学院学生奖励办法

第一章 总 则

第一条 学校对在德、智、体、美、劳等方面全面发展和在思想品德、学业成绩、专业技能、科技创造、文化体育、社会服务等方面表现突出的学生，给予表彰和奖励。

第二条 本办法适用本校对接受普通高等学历教育的专科学生（含五年制高职学生）。

第三条 学校设立学生奖励专项经费。

第二章 奖励种类

第四条 校级奖励：

（一）个人奖励：校长奖学金、三好学生、优秀学生干部、优秀团员、优秀团干、文明标兵、优秀毕业生和单项奖励等。

（二）集体奖励：学生管理先进二级学院、先进班集体、文明班级、五四红旗团总支、雷锋号团总支、五四红旗团支部、雷锋号团支部、文明宿舍等。

第五条 省级奖励：省级三好学生、省级优秀学生干部、省级优秀毕业生、省级先进集体和省级单项奖励等。

第六条 国家级奖励：国家奖学金、国家励志奖学金、国家级先进集体和国家级单项奖励等。

第三章 评比条件

第七条 校长奖学金

（一）德、智、体、美、劳全面发展的优秀学生，须同时具备下列条件：学习成绩平均 80 分以上，单科成绩不低于 75 分；成绩排名在同专业的前 5%；学生综合素质拓展成绩排名在班级的前 20%，无任何违纪行为；学生专业技能抽查达合格以上；荣获院级及以上奖项或荣誉；各二级学院推荐人数不超过可参评学生人数的 2‰。

（二）思想品德、科技创造、锻炼身体及社会服务等方面为学校争得重大荣誉，对学校有突出贡献者，学习成绩可降低至平均 75 分以上，单科成绩不低于 70 分。

第八条 三好学生

德、智、体、美、劳全面发展的优秀学生，须同时具备下列条件：学习成绩平均在 75 分以上，单科成绩不低于 70 分；学生综合素质拓展成绩排名在班级的前 30%；无任何违纪行为；学生专业技能抽查达合格以上；各二级学院推荐人数不超过可参评学生人数的 2%。

第九条 优秀学生干部

德、智、体、美、劳全面发展的优秀学生，须同时具备下列条件：学习成绩无不及格科目；学生综合素质拓展成绩排名在班级的前 50%；无任何违纪行为；学生专业技能抽查达合格以上；评选学年连续担任学生干部达一年，工作成绩考核评定为优秀或在社会服务方面成绩突出。二级学院根据班级考核情况确定各班优秀学生干部名额，总数控制在班级数的 1.5 倍；二级学院学生会、学生宿舍管理站分别给予 10～15 个名额,"学生管理先进二级学院"增加二级学院学生会名额 5 名。

第十条 优秀毕业生

德、智、体、美、劳全面发展的优秀学生,政治思想过硬,学习勤奋刻苦,学业成绩优秀,遵纪守法,在校期间无任何违法违纪行为,身体健康;在校期间荣获 2 次及以上校级奖励(含校长奖学金、三好学生、优秀学生干部、优秀团干、优秀团员);或在社会实践服务、专业技能竞赛等方面成绩显著,曾获得 1 次省级或省级以上奖励;或创新创业成效显著;优秀毕业生按参加毕业生资格审查人数的 10% 评比。

第十一条 单项奖

学校根据实际情况,对学习进步快、劳动卫生工作积极、宣传报道成绩突出及在爱心助学、扶贫帮困等各项活动中事迹突出,或在各项竞赛活动中获奖学生给予单项奖励。

第十二条 文明标兵

文明标兵根据《高等学校学生行为准则》《娄底职业技术学院学生日常行为规范》,在全校推荐评选言行文明、举止规范、具有典型示范作用的学生。

第十三条 省级三好学生、省级优秀学生干部和省级优秀毕业生

省级三好学生、省级优秀学生干部在荣获校长奖学金、三好学生、优秀学生干部的学生中择优推荐产生,省级优秀毕业生在校级优秀毕业生中择优推荐产生;省级先进集体在校级先进集体中择优推荐产生。

第十四条 国家奖学金从校长奖学金获得者中推荐产生,全年校长奖学金获得者不足国家奖学金名额时,兼顾二级学院平衡,从三好学生或优秀学生干部中择优推荐产生。

第十五条 国家励志奖学金从符合校长奖学金、三好学生、优秀学生干部、优秀团员和优秀团干条件并且家庭经济困难的学生中推荐产生。符合校长奖学金条件的学生一律推荐申报国家奖学金或国家励志奖学金。

第四章　评比周期

第十六条　国家奖学金、国家励志奖学金、校长奖学金、三好学生、优秀学生干部、优秀团员、优秀团干、文明标兵、学生管理先进二级学院、先进班集体、文明班级、五四红旗团总支、雷锋号团总支、五四红旗团支部、雷锋号团支部和文明学生宿舍每学年评定一次；优秀毕业生在毕业生离校前评定；单项奖励在各项活动中评定。

第五章　奖励标准

第十七条　凡是获得校级、地市级、省级、国家级荣誉类的个人和集体按下列标准奖励：

奖励种类 \ 奖励标准 \ 奖励级别	校级 地市级	省级	国家级
国家奖学金			8000元
国家励志奖学金			5000元
校长奖学金	1000元		
三好学生	200元	400元	1000元
优秀学生干部	200元	400元	1000元
优秀团员	200元	400元	1000元
优秀团干	200元	400元	1000元
文明标兵	200元		
单项奖励	200元	400元	1000元
学生管理先进二级学院	1000元		

续表

奖励种类 \ 奖励标准 \ 奖励级别	校级 地市级	省级	国家级
五四红旗团总支	800元	1200元	2000元
雷锋号团总支	800元	1200元	2000元
文明班级	400元		
先进班集体	400元	800元	1600元
五四红旗团支部	400元	800元	1600元
雷锋号团支部	400元	800元	1600元
校级文明宿舍	100元		

第六章 评比和认定程序

第十八条 以班为单位，辅导员组织民主评议，由二级学院审查公示，报学生工作处、团委审核公示，学生工作委员会审定，校长办公会批准，由学生工作处、团委统一组织表彰。

第十九条 所有学生在校内、外获得的各种奖励，都必须报学生工作处备案，相关奖励资料装入学生个人档案。

第七章 附 则

第二十条 接受中等教育的学生参照执行。

第二十一条 原《娄底职业技术学院学生奖励办法》（娄职院发〔2017〕31号）同时废止。本办法解释权在学生工作处，自发文之日起实施。

第五节 娄底职业技术学院助学金管理办法

为激励我校学生勤奋学习、努力进取，在德、智、体、美等方面得到全面发展，根据《国务院关于建立健全普通本科高校、高等职业学校和中等职业学校家庭经济困难学生资助政策体系的意见》(国发〔2007〕13号)，《普通本科高校、高等职业学校国家助学金管理暂行办法》(财教〔2007〕92号)和《教育部财政部关于认真做好高等学校家庭经济困难学生认定工作的指导意见》(教财〔2007〕8号)文件精神，结合我校实际，特制定本办法。

第一条 助学金分国家助学金、学校助学金、社会捐赠助学金。

第二条 国家助学金仅限我校在籍在读全日制大专和五年制高职四、五年级学生申请，学校助学金和社会捐赠助学金可以是全校在读学生均可申请。

第三条 申请助学金基本条件：

1. 热爱社会主义祖国，拥护中国共产党的领导，积极参加学校、二级学院、班级的各项活动。

2. 遵纪守法，遵守学校各项规章制度，表现良好，申请学年内无任何违纪违规行为。

3. 诚实守信，道德品质优良；勤奋学习，积极上进；家庭经济困难，生活俭朴。

4. 家庭经济困难学生认定，并且建立家庭经济困难档案的学生。

5. 申请国家和学校助学金的学生操行分达良好以上，学习成绩较好。

6. 凡未交清学费且没有办理缓交手续或者没有申请国家助学贷款的学生不能申请。

7. 同一学年内，学生只能申请国家助学金其中一项，不能同时兼得两项。

第四条 助学金的资助等级与标准：

1. 国家助学金评选比例以省教育厅文件通知为准，资助标准以国家当年规定为准（现行标准为：一等4000元、二等3000元、三等2000元）。

2. 学校每年从学费收入中提取部分经费用于资助经济困难学生。

3. 社会捐赠助学金根据情况而定。

第五条 家庭经济困难学生认定：

（一）认定机构

1. 学校成立学生资助工作领导小组，全面领导家庭经济困难学生的认定工作。学生资助工作领导小组由学校主管学生工作的校领导担任组长，成员由学生工作处、团委、计划财务处、医学管理部、各二级学院等部门主要负责人担任，学生资助工作领导小组下设办公室在学生工作处。

2. 二级学院成立以二级学院院长、党总支书记任顾问，分管学生工作的副院长为组长，辅导员为成员的认定工作领导小组，负责认定工作的具体组织实施和认定名单审核。

3. 以班级为单位，成立以辅导员任组长，班团干部、学生代表为成员的班级认定评议小组，负责认定的民主评议工作。认定评议小组成员中，学生代表应具有广泛的代表性，人数视班级人数合理配置，一般不少于班级总人数的10%。认定评议小组成员名单应在本班级范围内公示。

（二）认定标准

1. 根据上级文件精神，我校家庭经济困难学生认定标准分为一般困难、困难和特殊困难三个档次。

2. 能支付全部个人生活基本费用及部分学习费用的家庭经济困难学生，可认定为一般困难。

3. 能勉强支付个人生活基本费用，但无力支付学习费用的家庭经济困难学生，可认定为困难。下列情形可作为认定困难的参考条件：

（1）来自老、少、边、穷地区的农村学生；

（2）城镇下岗职工未再就业、享受低保、有少量经济来源的子女；

（3）家庭供养人口较多且缺少经济来源的；

（4）直系亲属长期患病治疗的；

（5）单亲家庭且缺少经济来源的；

（6）家庭遭受较严重灾害或意外伤害的一般贫困家庭子女；

（7）其他家庭经济存在较严重困难的。

4. 完全无力支付学习费用，且支付本人生活费用都非常困难的家庭经济困难学生，可认定为特困。下列情形可作为认定特困的参考条件：

（1）烈士子女；

（2）父母或学生本人残障；

（3）无经济来源的孤儿或"事实孤儿"；

（4）城镇双下岗职工未再就业、享受低保、无任何经济来源的子女；

（5）直系亲属患重病，需长期自费治疗的；

（6）来自老、少、边、穷地区的少数民族贫困学生；

（7）多个子女同时就读的贫困家庭子女；

（8）家庭遭受严重灾害或意外伤害的贫困家庭子女；

（9）建档立卡家庭经济困难学生；

（10）农村特困救助供养学生；

（11）农村低保家庭学生；

（12）其他存在特殊经济困难的。

（三）认定程序

学校、二级学院、班级认定评议小组，按照各自的职能分工，认真、负责地共同完成认定工作。具体程序为：

1. 本人申请。首次申请家庭经济困难学生认定的学生应提供有关家庭经济困难的证明材料，并如实填写《高等学校学生及家庭情况调查表》和《娄底职业技术学院家庭经济困难学生认定申请表》，并按规定时间交本班级认定评议小组。已被学校认定为家庭经济困难的学生再次申请认定时，如家庭经济状况无显著变化，可只提交《娄底职业技术学院家庭经济困难学生认定申请表》，不再提交《高等学校学生及家庭情况调查表》。学生提供的证明材料包括：

（1）由学生户籍所在地的乡、镇或街道办事处民政部门出具的家庭经济困难证明（必须加盖公章，否则无效）；

（2）家庭成员患重症的，应有县以上人民医院出具的病历及相关证明材料；

（3）能证明或能辅助证明家庭经济困难的其他证明（下岗证、低保证、残疾证），烈士子女应提供烈士证；

（4）家庭遭受灾害的，应提供学生户籍所在地县人民政府或县民政部门出具的受灾证明。

2. 民主评议。班级认定评议小组根据申请家庭经济困难学生提交的《娄底职业技术学院家庭经济困难学生认定申请表》和《高等学校学生及家庭情况调查表》，结合认定标准、学生日常消费行为以及影响其家庭经济状况的有关情况，认真进行评议，确定本班各档次的家庭经济困难学生资格，报二级学院认定工作组进行审核。

评议小组进行民主评议时不能让学生当众诉苦、互相比困，着重考虑建档立卡家庭经济困难学生、农村特困救助供养学生、农村低保家庭学生。孤残学生、烈士子女，以及家庭成员长期患重病、家庭遭遇自然灾害或突发事件等特殊情况的学生。

3. 二级学院审核。二级学院认定工作组认真审核认定各班级评议小组申报的初步评议结果。如有异议，应在征得各班级评议小组意见后予以更正。

4. 公示。二级学院认定工作组审核通过后，将家庭经济困难学生名单及档次，以适当方式在本二级学院范围内公示5个工作日。如师生有异议，可通过有效方式向相应班级认定工作组提出质疑，认定工作组在接到异议材料的3个工作日内予以答复。如对二级学院认定工作组的答复仍有异议，可通过有效方式向学校学生资助工作领导小组提请复议，学生资助工作领导小组在接到复议提请的3个工作日内予以答复。如情况属实，将做出调整。

5. 认定决定并建档。公示结束后，各二级学院将审核通过的《娄底职业技术学院家庭经济困难学生认定申请表》和《高等学校学生及家庭情况调查表》，报学生工作处资助中心，资助中心审核后将汇总名单报学校学生资助工作领导小组审批，最终确认困难认定，上报省教育厅学生资助管理中心备案。学生资助中心和各二级学院再根据学校学生资助工作领导小组的认定结论各自建立家庭经济困难学生档案。

（四）认定时间

1. 在每年放暑假之前，各二级学院向在校学生发放《高等学校学生及家庭情况调查表》，已被学校认定为家庭经济困难的学生再次申请认定时，如家庭经济情况无显著变化，可只提交《娄底职业技术学院家庭经济困难审批表》，不再提交《高等学校学生及家庭情况调查表》。学校招生就业处在向新生寄送录取通知书时，同时寄送《高等学校学生及家庭情况调查表》。

2. 家庭经济困难学生认定工作由各二级学院组织，在每年九月份进行。

第六条 助学金的评审时间和原则：

国家助学金每年评审一次（一般在11月份进行），因意外情况引发学生经济困难的，可以根据实际情况临时评定发放学校助学金。助学金评审坚持公开、公平、公正、择优的原则。

第七条 国家助学金的评审基本程序：

1. 学校将名额指标分配到各二级学院，由学生工作处指导各二级学院完成评审具体工作。

2. 各二级学院成立评审小组，召开专题评审会议，从家庭经济困难认定学生中评选（学生本人如实填写《评审表》），并公示三天，无异议后，报学生工作处。

3. 学生工作处对各二级学院评审情况进行审查，并提交学生工作委员会进行复审，复审结束后，将评审结果名单在全校范围内公示五个工作日，无异议后，经学校领导批准，报省教育厅批复。

第八条 助学金的发放：

国家助学金分两次发放（大约在每年的1月份和6月份），每次发放所获等次金额的一半；学校助学金、社会捐赠助学金由学校财务处统一发放到学生本人银行卡。

第九条 助学金的监督管理：

1. 学生工作处（部）每年根据省教育厅和学校批复，要求助学金获得者办理相关银行卡，履行相关发放手续。

2. 学校严禁各二级学院和辅导员将助学金金额平分给学生或截留、挤占、挪用，否则收回所发助学金并追究相关人员责任。

3. 各二级学院和辅导员要加强对学生的诚信教育和励志教育，教育学生努力学习、回报社会，教育学生国家助学金是用于资助家庭经济困难学生的学费和生活费用开支。

4. 获得助学金学生有下列行为之一者，将取消第二年的资助资格，并停发当年未发完的资助金。

（1）购买高档娱乐电器、高档时装或高档化妆品等；

（2）节日假日假期经常外出旅游；

（3）抽烟、酗酒经教育不改；

（4）在校外租房或经常出入经营性网吧、通宵上网；

（5）有与其家庭经济困难状况不相符的其他高消费或不当消费行为；

（6）申请学年内，有其他违反校纪校规行为，或受到学校处分。

第十条 中专学生资助标准按上级部门文件要求执行，评定工作参照本办法实施。

第十一条 本办法由学生工作处负责解释，自公布之日起实施。

第六节

娄底职业技术学院学生违纪处理办法

第一章 总 则

第一条 为了维护学校正常的教学和生活秩序，培育优良的校风、学风，根据《中华人民共和国教育法》《中华人民共和国高等教育法》《普通高等学校学生管理规定》《高等学校学生行为准则》《中华人民共和国治安管理处罚法》《新时代公民道德建设实施纲要》以及其他有关规定，结合我校的实际情况，制定本办法。

第二条 本办法适用本校对接受普通高等学历教育的专科学生（含五年制高职学生）。

第二章 违纪处分种类

第三条 学生有违法、违规、违纪行为，根据行为的性质和过错程度，以及认错态度、悔改表现等，给予下列纪律处分：

（一）警告；

（二）严重警告；

（三）记过；

（四）留校察看；

（五）开除学籍。

第三章 违纪处分细则

第四条 学生有下列情形之一，学校可以给予开除学籍处分：

（一）违反宪法，反对四项基本原则、破坏安定团结、扰乱社会秩序的；

（二）触犯国家法律，构成刑事犯罪的；

（三）受到治安管理处罚，情节严重、性质恶劣的；

（四）毕业设计、公开发表的研究成果存在抄袭、篡改、伪造等学术不端行为，情节严重的，或者代写论文、买卖论文的；

（五）违反本规定和学校规定，严重影响学校教育教学秩序、生活秩序以及公共场所管理秩序的；

（六）侵害其他个人、组织合法权益，造成严重后果的；

（七）屡次违反学校规定受到纪律处分，经教育不改的。

第五条 对违反四项基本原则，破坏安定团结，扰乱公共秩序者的处理。

（一）建立非法组织、编印非法刊物。

1. 为首筹建非法组织，给予留校察看或开除学籍处分，涉嫌违法犯罪的移交司法机关处理；

2. 参与建立非法组织，尚未参加活动者，给予记过处分；已参加活动者，视情节给予留校察看处分；

3. 参与编印非法刊物或明知是非法刊物，而在上面发表文章者，给予留校察看处分。

（二）阅读、观看、存储、传播、散布、贩卖或编印、编制淫秽书刊或音像制品、网络视频。

1. 阅读、观看、存储淫秽书刊或音像制品、网络视频者，给予严重警告处分；经教育不改者，给予记过处分；

2. 传播淫秽书刊或音像制品、网络视频者，给予留校察看或开除学籍处分；

3. 编印、贩卖淫秽书刊、音像制品者给予开除学籍处分，涉嫌违法犯罪的移交司法机关处理。

（三）阅读、观看、存储、编造、传播或放任传播暴恐视频、资料和恐怖及其他虚假信息。

1. 阅读、观看、存储暴恐音视频和资料者，给予严重警告处分；经教育不改者，给予记过处分；

2. 编造恐怖信息，传播或放任传播暴恐音视频、资料和恐怖及其他虚假信息，给予留校察看或开除学籍处分，涉嫌违法犯罪的移交司法机关处理；

3. 明知是他人编造的恐怖及其他虚假信息而故意传播，给予留校察看或开除学籍处分，涉嫌违法犯罪的移交司法机关处理。

（四）在校园内进行宗教活动。

1. 在校园内组织开展宗教活动者，给予留校察看或开除学籍处分，涉嫌违法犯罪的移交司法机关处理；

2. 在校园内参加宗教活动者，给予留校记过或留校察看处分。

第六条 对违反国家法律、法规，受到司法或公安部门处罚者的处理。

（一）触犯国家法律，构成刑事犯罪，被判处管制者给予留校察看或开除学籍处分，被判处有期徒刑、无期徒刑、死刑者，给予开除学籍处分；

（二）违反《中华人民共和国治安管理处罚法》，被治安警告或处以罚款者，给予严重警告或记过处分；被公安机关处以行政拘留者，给予记过、留校察看或开除学籍处分；

（三）参与非法传销和进行邪教、封建迷信活动者，给予留校察看或开除学籍处分；

（四）吸毒、贩毒或教唆、容留他人吸毒、贩毒者，给予开除学籍处分，涉嫌违法犯罪的移交司法机关处理。

第七条 对组织和煽动闹事，扰乱学校秩序；违反学校规定，影响学校教育教学、生活学习以及公共场所秩序者的处理。

（一）扰乱学校教育教学、生活学习以及公共场所秩序。

1. 组织和煽动闹事、扰乱学校秩序者给予留校察看或开除学籍处分，涉嫌违法犯罪的移交司法机关处理；

2. 参与闹事、扰乱学校秩序者，给予警告或严重警告处分；情节严重者，给予记过或留校察看处分；

3. 拒绝、阻碍学校管理人员（含学生干部）依照校纪校规执行公务，不服从管理，威胁、辱骂、殴打管理人员或执勤人员者，情节轻微者，给予严重警告处分；情节严重者，给予记过或留校察看处分，涉嫌违法犯罪的移交司法机关处理。

（二）从事传销，出借、出租、出售银行卡、手机卡、支付宝账号、微信账号、QQ钱包等为各种犯罪实施提供帮助或参与犯罪行为。

1. 出借、出租、出售银行卡、手机卡、支付宝账号、微信账号、QQ钱包为网络信息犯罪提供帮助者给予留校察看或开除学籍处分，涉嫌违法犯罪的移交司法机关处理；

2. 引诱或组织他人参与传销或校园贷等非法融资活动者给予留校察看或开除学籍处分，涉嫌违法犯罪的移交司法机关处理；

3. 参与传销或校园贷等非法融资活动者，给予记过处分或留校察看处分。

（三）违反学生社团管理有关规定。

1. 组织成立未经批准的学生社团并开展活动，以合法学生社团的名义组织开展非法活动者，给予记过或留校察看处分；

2. 参与以学生社团的名义开展的非法活动者，给予严重警告或记过处分；

3. 擅自以学生社团的名义违规举办募捐、接受赞助、收取活动经费或协会会费的，除上缴非法所得外，给予严重警告或记过处分。

第八条 对违反校园安全管理者的处理。

（一）违反交通规则或造成交通事故者，除按交警队给出的处理结果处罚和赔偿外，视情况给予严重警告、记过或留校察看处分，无证驾驶、醉驾者，给予开除学籍处分。

（二）下河下塘游泳者，给予记过或留校察看处分。

（三）爬围墙出入者，给予严重警告或记过处分。

（四）酗酒者，给予警告、严重警告或记过处分。

（五）高空抛物者，如未造成他人伤害，给予严重警告或记过处分；如造成他人伤害，除赔偿受伤者外，给予记过、留校察看或开除学籍处分，情节严重者还将承担刑事责任。

第九条 对寻衅滋事，打架斗殴者的处理。

（一）怂恿、策划打架斗殴。

1. 未伤及他人者，给予警告或严重警告处分；伤及他人者，给予严重警告或记过处分；致人轻伤、重伤者，给予留校察看或开除学籍处分，并移交司法机关处理；

2. 为首结伙斗殴、纠集校外人员打架者给予留校察看或开除学籍处分，涉嫌违法犯罪的移交司法机关处理。

（二）寻衅滋事，打架斗殴。

1. 参与打架，动手打人，伤及他人者，给予严重警告或记过处分；致他人轻微伤者，给予留校察看处分；致他人轻伤、重伤者，给予开除学籍处分，涉嫌违法犯罪的移交司法机关处理；

2. 对先动手打人、持械行凶打人、酒后斗殴、侮辱殴打教职工或打架事件已经终止，事后又参与报复打人者，参照本条前款规定，从重处分；

3. 凡私藏凶器或为他人打架提供凶器者，或以"劝架"为名偏袒一方，挑起事端，促使事态扩大者，给予记过或留校查看处分；

4. 在打架事件中故意作伪证，掩盖事实真相，造成调查困难者，给予警告或严重警告处分；

5. 打架事件发生后，借"私了"等敲诈勒索钱物者，给予记过或留校查看处分。

（三）打人致伤者除给予纪律处分外，还须依法赔偿伤者的医药费、适当的营养费及其他损失费。赔偿由事端挑起者、怂恿策划者、打人者、凶器提供者按责任共同分担。

第十条 对偷窃、抢夺、诈骗、敲诈或挪用者的处理。

（一）偷窃或挪用。

1. 偷窃财物者，给予记过、留校察看或开除学籍处分；

2. 主动加入或者胁迫加入偷盗团伙后发挥积极作用者，一经查实，给予开除学籍处分；

3. 因偷盗受过处分，再次作案者，给予开除学籍处分；

4. 为作案者提供信息或作案工具、放哨、窝藏和销赃者，给予严重警告或记过处分；

5. 撬窃者，无论偷盗钱财与否，给予严重警告或记过处分；

6. 凡挪用班费或各学生组织经费金额者，给予严重警告或记过处分；

7. 经公安部门确认偷窃者或违法犯罪的，给予留校察看或开除学籍处分；

8. 偷窃公章、保密文件、档案等物品者，给予留校察看或开除学籍处分；涉嫌违法犯罪的，移交司法机关处理；

9. 拾物不还，非法占有遗失物、遗漏物或其他公私财物者，给予警告、严重警告或记过处分；冒领有价证卡按偷盗处理。

（二）诈骗、抢夺、敲诈公私财物者，比照偷窃情形加重处理。

第十一条 对破坏国家、学校和个人财产者的处理。

破坏国家、学校和个人财产者除照价赔偿外，视其情节，给予以下处分：

1. 在桌椅、墙壁或其他公共场所乱画乱刻，破坏公共卫生，严重损害花草树木者，给予警告或严重警告处分；

2. 损坏公、私财物者，视情况给予警告、严重警告或记过处分，造成严重后果和恶劣影响者，给予留校察看或开除学籍处分；

3. 毕业离校期间损坏公物者，从重处分。

第十二条 对违反学生公寓管理有关规定者的处理。

（一）在公寓内乱丢、乱扔，就寝后仍打闹、喧哗，影响他人休息，经劝阻不改者，给予警告或严重警告处分；

（二）将宠物带入公寓区者，给予警告处分；在公寓内养宠物者，给予严重警告或记过处分；

（三）私自调寝和擅自添加或减少床位者，给予警告或严重警告处分；

（四）未经请假通宵夜不归宿者或晚上11点后未在宿舍一次者（晚归三次记一次夜不归宿），给予警告处分；屡教不改者给予严重警告、记过或留校查看处分；冒充他人消除晚归或夜不归宿记录者给予警告处分；

（五）凡在公寓内违章用电用火（包括热得快、电炉、电取暖器、电热毯、电饭煲、电火锅、酒精炉、液化气灶等），存放易燃、易爆、易腐蚀、剧毒及具有放射性等危险物品，私藏管制刀具，除没收上述物品外，给予记过处分；若引起火灾，视情节轻重给予留校察看及以上处分，并赔偿一切经济损失。对本寝室同学违章用电用火不抵制、不反对、不报告者，给予寝室长严重警告处分，给予其他寝室成员警告处分；

（六）私自留宿外人者给予严重警告或记过处分，对寝室成员私自留宿外人，寝室长不反对、不报告，给予警告处分；

（七）在学校张贴、散发商业广告和电影海报等，将商贩（包括送外卖）引进学生宿舍区，或在宿舍区从事传销、推销商品、开小卖部等盈利性经营活动者给予严重警告或记过处分。对在寝室开小卖部，寝室长不反对、不报告，给予警告处分。

第十三条 对以各种形式进行赌博（含网络赌博）或为赌博提供条件者的处理。

（一）为赌博提供条件或介绍他人参与赌博（含网络赌博）者，给予警告或严重警告处分。

（二）参与赌博。

1. 参与打牌或赌赙者，给予警告、严重警告或记过处分，金额巨大者，给予留校察看或开除学籍处分；

2. 屡次参与打牌或赌赙者，勾结校外人员打牌或赌赙者，给予留校察看或开除学籍处分；

3. 在校内打牌或参与赌博者，赌资、赌具一律没收，因赌赙形成非法债权、债务一律废除。

第十四条 对有严重违反公民道德行为者的处理。

（一）在校内有不道德行为。

1. 只穿内衣内裤或穿拖鞋进入教室、阅览室、实验室等公共场所，经劝阻不改者，给予警告或严重警告处分；

2. 涂写、勾画淫秽文字、图画或有猥亵行为者，给予严重警告或记过处分；

3. 学生在校内公共场所言行举止不当，如衣着不整、男女生搂搂抱抱、勾肩搭背等行为，造成不良影响或态度恶劣、屡教不改者，给予警告、严重警告或记过处分；情节严重、影响恶劣者，给予留校察看或开除学籍处分；

4. 有侮辱、调戏他人，对他人实施性骚扰等行为，但尚未构成犯罪的，给予记过或留校察看处分；

5. 有在公共场所抽烟、带早餐进教学楼、带盒饭进宿舍区等校园不文明行为，被第二次查获者给予警告处分，屡教不改者，给予严重警告、记过或留校查看处分，不配合工作人员虚报姓名者，加重处分；

6. 在学生宿舍留宿异性或到异性宿舍留宿者，给予留校察看或开除学籍处分；对本寝室同学留宿异性行为不抵制、不反对、不报告者，给予寝室长严重警告处分，给予其他寝室成员警告处分。

（二）在校外有不道德行为。

1. 到校外营业性酒吧、舞厅、夜总会从事陪酒、陪舞活动者，给予记过或留校察看处分；

2. 卖淫、嫖娼以及介绍或收容卖淫、嫖娼者，一律给予开除学籍处分；涉嫌违法犯罪的移交司法机关处理。

第十五条 对利用计算机、网络或其他通信工具进行非法活动，侵害他人权益，发表或散布反动言论和不良信息者的处理。

（一）利用计算机、网络或其他通信工具进行非法活动，散布不良信息，侵害他人权益。

1. 故意登录非法网站，且不听劝阻者，给予警告或严重警告处分；

2. 在计算机设备和网络中或让他人在本人网站、网页上故意发布和传播违反社会公德和欺诈性信息者，给予记过或留校察看处分；

3. 未经同意使用他人账号、私看他人电子邮件、公开和传播他人隐私、用侮辱性语言对他人进行谩骂或进行人身攻击，对他人造成精神损害者，给予严重警告或记过处分；

4. 利用计算机等技术手段窃取财物、服务或有价信息数据；或未经允许擅自使用学校或他人的计算机、网络密码或其他设备造成公私财物损失者，按盗窃财物情形给予记过或留校察看处理；

5. 利用计算机等技术手段骗取财物、服务或有价信息数据者，按诈骗财物情形给予处理。

（二）对利用计算机、网络或其他通信工具进行黑客活动，发表或散布反动言论。

1. 在计算机设备和网络中或让他人在本人网站、网页上故意发布和传播反动言论，公开和传播国家秘密者，给予开除学籍处分；涉嫌违法犯罪的，移交司法机关处理；

2. 故意篡改、删除、破坏、攻击学校或他人网站、数据库或其他计算机文件，未造成后果者，给予严重警告或记过处分；造成后果者，给予留校察看或开除学籍处分；涉嫌违法犯罪的，移交司法机关处理；

3. 故意制造、传播和使用计算机病毒者，给予留校察看或开除学籍处分；涉嫌违法犯罪的，移交司法机关处理。

第十六条 对旷课（操）者的处理。

（一）旷课（操）10课时以上（含10课时），不满20课时者，给予警告处分；

（二）旷课（操）20课时以上（含20课时），不满30课时者，给予严重警告处分；

（三）旷课（操）30课时以上（含30课时），不满40课时者，给予记过处分；

（四）旷课（操）40课时以上（含40课时），不满60课时者，给予留校察看处分；

（五）未请假离校、连续两周未参加学校规定的教学活动，或旷课

（操）60课时以上（含60课时）者，给予开除学籍处分。

第十七条 对违反考试纪律者，按照《娄底职业技术学院课程考核规范》中有关条款处理。

第十八条 对在从事学术活动中造假者的处理。

（一）剽窃、抄袭他人研究成果、实习报告、毕业设计资料或将他人研究成果改头换面据为己有者，给予严重警告或记过处分，情节严重者给予留校察看或开除学籍处分；

（二）采取不正当途径更改个人课程或实践环节成绩者，给予记过或留校察看处分；

（三）代写、买卖毕业设计者，给予留校察看或开除学籍处分。

第四章 违纪处分程序和期限

第十九条 实行纪律处分的权限及程序：

（一）二级学院、医学部、教务处、保卫处等负责对违纪学生进行调查取证，将违纪材料和处分建议及时报学生工作处；

（二）二级学院有警告、严重警告处分决定权，报学生工作处备案后（医学部的由医学部备案），由二级学院和医学部行文；

（三）记过、留校察看处分由学生工作处提交学生工作委员会研究，研究决定后由学校行政行文。

第二十条 对学生作出取消入学资格、取消学籍、退学、开除学籍或者其他涉及学生重大利益的处理或者处分决定，由学生工作委员会进行合法性审查，提交校长办公会议研究，研究决定后由学校行政行文。

第二十一条 学校对学生作出处分后，下发学校处分决定文件，告知学生家长或法定监护人，并送交学生本人，由学生本人签收。学生拒绝签收的，以留置方式送达；已离校的，采取邮寄方式送达；难于联系的，在学校官网上公告，公告之日起七日即视为送交。处分决定文件包括下列内容：

（一）学生的基本信息；

（二）作出处分的事实和证据；

（三）处分的种类、依据、上报日、期限；

（四）申诉的途径和期限；

（五）其他必要内容。

第二十二条 警告、严重警告、记过处分的期限为六个月，留校察看处分的期限为一年。均自处分上报之日算起。

第二十三条 对学生的记过及以上处分（因旷课除外）及解除处分材料，学校真实完整地归入学校文书档案和本人档案。被开除学籍的学生，由学校发给学习证明。学生按学校规定期限离校，档案由学校退回其家庭所在地，户口应当按照国家相关规定迁回原户籍地或者家庭户籍所在地。

第二十四条 毕业学年学生不给予留校察看处分，但其错误够此处分时，则给予记过处分，并不予按期毕业，只作结业处理。待处分期满后，学校视其表现，决定是否同意解除处分发放毕业证。

第二十五条 毕业时被处分学生处分尚未解除，则推迟发放毕业证。

第五章 附 则

第二十六条 接受中等教育的学生参照执行。

第二十七条 本条例由学生工作处负责解释，自公布之日起实施。

第七节 娄底职业技术学院课程考核管理规范

第一章 总则

第一条 为了深化课程考核与评价改革，准确、客观、公正地评定学生的学业成绩，评价教师的教学效果，规范课程考核管理工作，根据《普通高等学校学生管理规定》《教育部关于深化职业教育教学改革全面提高人才培养质量的若干意见》等文件精神，结合我校实际，特制定本规范。

第二条 学生必须参加人才培养方案规定课程的考核。考核成绩载入学生学籍档案。考核成绩是确定学生升级、留（降）级、退学、毕业（肄业、结业），推荐升学、就业及评定奖、助学金的主要依据。

第三条 课程考核的目的：

课程考核是教学全过程的重要环节，目的是全面检查学生对所学知识和技能的掌握程度，分析问题和解决问题的能力，提高学生的学习积极性和主动性。同时也检查教师的工作态度和工作效果，以利于改进教学方法，提高教学质量。

第四条 课程考核的类别与基本要求：

本规范中的课程是指各专业人才培养方案中规定的所有课程。课程考核应重视过程性评价和发展性评价，课程考核的类别分为考试与考查两类，考核方式可根据课程的性质与特点而定，可多样化和综合化，可以是笔试、口试、操作考试、上机考试、综合评定、实习报告、作品/成果、以证代考、以赛代考等方式中的单一或多种方式的组合。课程评价主体应注重由一元化向行业、企业、第三方评价等参与的多元化转变。通识课程的考核探索教、考分离。每门课程的考核类别及考核方式必须按人才培养方案与课程标准的规定执行，不得随意变动。

教师应按授课计划正常结束新课，不得随意提前或推迟，在期末考试前集中复习的时间段，任课教师应加强复习辅导，但不得指定范围，不得暗示或泄露试题内容。

第二章　考核资格审查

第五条　每学期期末考试前，二级学院（教学部）必须按《娄底职业技术学院学生学籍管理实施细则》对学生考核资格进行审查，非在籍在校生或者未经请假或请假未准而逾期两周（含两周）不上课的学生取消该学期所有课程的考核资格，旷课超过课程规定课时20%的学生不得参加该课程的考核。

取消考核资格的学生名单经二级学院（教学部）院长（主任）核定签字后由各二级学院（教学部）张榜公布，并报教务处备案。

第六条　取消考核资格的学生在当期内不得参加考核，若擅自参加该课程的考核，成绩无效；被取消考核资格的学生不得参加下学期初的该课程补考，经教育确已改正错误，由本人申请，辅导员、二级学院（教学部）教学副院长（副主任）、院长（主任）签署意见批准，参加下一个年级同一课程的考核，考核成绩按补考考试成绩记入档案。

第三章　命题、制卷

第七条　命题内容限于课程标准规定范围，覆盖率要求达到100%；考试题型、题量、难易度应合理，以大多数学生能在规定的时间内正常答完试卷，考核结果好、中、差呈正态分布为宜。

第八条　拟题由任课教师拟定信度和效度相近、难易度相同、卷面效度相同的A、B、C三套试卷，经教研室主任、二级学院（教学部）教学副院长（副主任）、院长（主任）审定签字后，由教务处抽一套作为期考试卷，一套作为补考试卷，另一套作为备用卷。有多于一人任教同一课程的，要集体决定命题原则，最后组合成A、B、C三套试卷，不得采用每人独立命一套试卷的做法，同一门课程的试卷在三套试卷中的重复率不得超过20%，同一门课程相同时间的考试在连续2年试卷中的重复率不得超过20%。

第九条　学时、教材、进度相同的同门课程必须统一试卷和统一考试。

第十条　教师命题应统一采用教务处提供的试卷样板制卷，并严格按照试卷样板上的字体、字号要求书写，不得擅自更改题号、字体、字号等。试卷必须标明各题所占分数，注明考核对象、考核方式、考核时量、卷面总分、标准答案与评分标准。

第十一条　各二级学院（教学部）将试题整理成试卷后，交教研室主任、二级学院（教学部）教学副院长（副主任）、院长（主任）审核后报送教务处，并作好相应记录。在试卷的印制过程中，试卷的交接由教务处与文印中心直接联系，由教务处考务干事和各二级学院（教学部）教务干事监督文印中心严格按照保密程序，按每门课程的印制要求进行印制、装袋、密封、保管。各二级学院（教学部）于考试前两天到教务处保密室领取考试试卷。试卷交接的每一个环节，都要办理登记、签名等手续，做到责任明确。

第十二条 凡参与命题及接触试卷的人员，须增强保密意识，严守保密纪律，切实履行自己的职责。如一旦发生泄漏或变相泄漏试题现象，应及时报告教务处，以便迅速、果断地采取措施，确保考试工作的正常运行。同时，应及时对泄漏的原因进行调查，对相关当事人或相关责任人将按学校有关规定进行严肃处理。

第四章 考 试

第十三条 学校校长担任学校各种考试的主考，分管教学的副校长担任副主考；校级和校级以上的统考、抽考、补考、竞赛等考试由教务处直接统一组织，二级学院（教学部）协助。期末考试由教务处统一部署，二级学院（教学部）在规定的时间内组织考务工作。

考试期间，由校领导、教务处、相关部门负责人、教学督导团等组成学校考试巡考组，负责全校考试工作的巡视、督导。

第十四条 理论考试的考试时量一般为90分钟，操作考试的考试时量视课程性质而定，具体时间由二级学院（教学部）会同教务处确定。

第十五条 二级学院（教学部）的组考要求详见附件1《二级学院（教学部）组考规范》。

第五章　成绩评定与成绩管理

第十六条　课程的考试（查）成绩一般采用百分制，记入学生学籍档案的成绩均为学生各门课程的期评成绩。

第十七条　考试（查）课程期评成绩的评分原则：

1. 期评成绩一般由过程考核成绩和终结性考核成绩两大部分构成，两部分比例按课程标准中所确定的比例进行计算，两部分成绩都必须登记于记分册。

2. 期评成绩按四舍五入的原则取为整数。

3. 独立开设的实践性教学课程的期评成绩按《娄底职业技术学院实践性教学管理办法》评定。

第十八条　课程考核结束后，各二级学院（教学部）的成绩管理要求详见附件1《二级学院（教学部）组考规范》第五点。

第十九条　学生因退学等情况中止学业，其在校学习期间所修课程的成绩，予以记录。学生重新参加入学考试、符合录取条件，再次入学的，其已修课程的成绩，经学校认定，予以承认。

第六章　缓考、补考、重修

第二十条　考核期间有下列情况之一者，经批准允许缓考：

1. 因病正在住院，缺课未超过全期实际教学时数的三分之一者；

2. 突发伤、病，经医院证明不能参加考核者；

3. 学生直系长辈死亡，丧假期间不能参加考核者；

4. 考核期间正在参加由学校统一组织的校级以上的各种活动，经教务处确认不能参加考核者。

第二十一条 要求缓考者必须由本人申请，在课程考核前填写《课程缓考申请表》（附有关证明），经辅导员和二级学院教学副院长、院长签署意见，教务处审批同意后，方可缓考。除突发病住院可在三天内补办手续外，其他事后补办一律无效，均以旷考论处。

第二十二条 对学生考核不合格的课程，学校给予三次补考的机会，第一次为下学期的开学初，第二次为毕业前夕，第三次为结业后两年内。学生参加第二次、第三次补考，须按规定程序办理好手续方可进行。具体程序是：先由学生本人提出申请，经二级学院、教务处审查批准。

第二十三条 有下列情况之一者，不允许参加相应课程的第一次补考：

1. 期终考试（考查）旷考者；
2. 期终考试（考查）违纪舞弊致使该课程考试以零分计算者；
3. 取消考核资格者。

第二十四条 学生期评成绩不及格的课程（不允许第一次补考的除外），以及经批准缓考的课程均应参加下学期进行的第一次补考。第一次补考时间一般在下学期开学后第三周的双休日进行，由教务处直接统一组织，各二级学院（教学部）协助。考生必须按教务处的规定办理补考手续，未办理补考手续者不允许参加补考。

第二十五条 经补考仍未能合格的课程，必须申请参加毕业补考，具体时间由教务处统一安排。

第二十六条 毕业补考仍不合格的课程，可于结业后两年内回校申请参加最后一次课程补考。

第二十七条 除极特殊情况外，补考不得缓考。

第二十八条 补考课程以卷面计算成绩，除批准缓考的补考外，学籍档案注"补考"字样。凡经批准缓考的课程，缓考的卷面成绩，记入该课程当期的期终考试成绩栏内，折合过程考核成绩计算期评成绩，并注明缓考，学籍档案不注"补考"字样。

第二十九条 公共选修课程不合格者不组织补考，必须重修后参加考核。实践性教学课程不组织补考，按《娄底职业技术学院实践性教学管理办法》的相关规定进行重修。

第三十条 在命题、组考、监考、阅卷、评分等环节中出现差错或事故者，严格按《娄底职业技术学院教学事故认定与处理办法》执行。

第三十一条 本规范的解释权归教务处，自公布之日起实施，此前有关课程考试规定与本规范不相符者，以此为准。

附件：1.《二级学院（教学部）组考规范》
　　　2.《监考人员工作职责》
　　　3.《学生考试守则》
　　　4.《对考试违纪舞弊的处理》
　　　5.《巡考工作规范》

附件1：

二级学院（教学部）组考规范

一、由二级学院（教学部）组织的考试（包括阶段性考试、期末考试）须在考前制定组考方案，经教务处审定后，严格按照组考方案组织考试。考查课的考查原则上安排在课内进行，如特殊情况不能安排在课内进行的，经教务处批准后，可安排在课外进行。

二、二级学院（教学部）依据专业人才培养方案，确定并认真核对学期考试的班级、人数、考试和考查科目，在规定的时间内将考试考查科目安排表报教务处，教务处汇总与审核后编制学校《学期课程考核科目安排表》，经分管教学副校长审批后正式下发。根据安排表，各二级学院（部）负责将考试、考查科目通知到每一个教学班。

三、二级学院（教学部）按本规范中的命题与制卷要求负责命题和制卷的组织与实施，命题教师对试题质量负直接责任，教研室主任、二级学院（教学部）教学副院长（副主任）、院长（主任）应逐级对课程考核试题质量进行审核，并对审核质量负责。

四、考试要求

1. 由教务处统一部署的考试，各二级学院（教学部）院长担任二级学院（教学部）主考，分管教学的副院长（副主任）担任副主考，教务干事全面负责本二级学院（教学部）考务工作。各二级学院（教学部）要成立巡考组，负责对本二级学院（教学部）考试进行巡视、督查。考试的监考人员由各二级学院（教学部）统一负责安排落实。必要时实行跨二级学院（教学部）交叉监考。如监考人员有失职行为，学校视其情节轻重给予纪律处分。

2. 在工作时间外由二级学院（教学部）统一组织的考查及阶段性

考试，同一考试时间内不超过 5 个班的，原则上只安排巡视 1 人、考务工作人员 1 人。

3. 二级学院（教学部）在考试前编制考试方案、制定考试安排表，并负责考室编排，每个考室原则上安排两名监考老师，安排考室时必须合理设置考生考试座次的间隔距离，上述资料经教务处审定后，二级学院（教学部）负责打印分发给各班级和监考老师。

4. 二级学院（教学部）主考在考前要认真组织考务人员学习《监考人员职责》等考务工作规程，组织召开学生考试动员大会，重申有关纪律，组织学生学习《学生考试守则》，签订诚信协议，防患于未然。

5. 二级学院（教学部）要建立考场巡视制度，巡视组要认真负责，要对考试的各环节进行认真的检查，对监考教师不到位、考场纪律松散、学生考试作弊等现象及时处理。

6. 考试结束后，各考场试卷由监考人员清点无误后，装订成册移交教务干事，并准确填写考场情况登记表；各二级学院（教学部）核对后填写考场情况汇总表交教务处。

五、成绩管理

1. 在课程考核结束后，由各教研室组织有关教师采用流水作业的方法集体评卷。评卷地点由各二级学院（教学部）统一安排。

2. 各课程考试成绩应在考试结束后三天内评出。评卷必须实事求是，坚决杜绝"人情分""印象分"。试卷评完后，任课教师应对考试情况及时统分、登分并作出试卷分析，认真填写《娄底职业技术学院学生考试（查）成绩分析表》，将成绩录入教务管理系统并导出、打印签字。记分册、从教务管理系统导出的成绩表、试卷按专业班级所属二级学院于考试结束后三天内交相关二级学院，所有试卷由二级学院统一保存五年。相关表格与资料按任课教师所属二级学院（教学部）于考试结束后三天内交教学班级所在二级学院（教学部）的教研室主任，由教研室主任汇总后统一交教务干事保存。各二级学院（教学部）教务干事在期末考试后五天内将记分册和从教务管理系统导出的成绩表报送教务处。

3. 因阅卷或录入成绩疏忽需要更改成绩，由任课老师提出书面申请，二级学院（教学部）院长（主任）同意，教务处审查后，方可更改。学生如对评卷有疑问，经二级学院（教学部）院长（主任）签署意见，教务处同意后由评卷教师和教务干事进行复查，复查时要在试卷上标出错评、误评的地方。分数改动必须签名，否则无效。阅卷教师因故不能按时完成评卷工作的，必须报请教研室安排他人评卷，不得拖延。

六、二级学院（教学部）要确保命题、制卷、组考等环节试卷的保密与安全，严格实行主考负责制。在组考过程中要认真贯彻执行学校考试管理的有关规定，严格执行《娄底职业技术学院课程考核规范》《监考人员职责》《学生考试守则》《巡考工作规范》《对考试违纪舞弊的处理》《考室布置要求》等制度。要进一步增强对"从严治考"重要性的认识，建立考试管理责任制，切实做到思想上重视，环节上落实，进一步加强对考试各个环节的管理，针对考试中出现的新情况和新问题，提出切实有效的措施，保证考试的公平和公正，如出现严重的考试违纪作弊现象，须将违纪处罚措施落到实处，对于失职失责的工作人员作出严肃处理。

附件 2：

监考人员工作职责

监考是课程考核工作的重要环节。各二级学院（教学部）要认真做好监考人员培训工作，规范考场管理，严肃考场纪律；提高监考教师的考试管理意识，认真抓好学院考风考纪工作。

监考期间，监考人员的责任心及工作态度，关系着学生考试成绩的真实性、公正性，关系着教师的形象及学院的声誉，对学院的学风及教风具有至关重要的导向性。因此，监考人员必须提高对监考工作的认识，以高度的责任感，严格监考，在监考工作中遵循如下规定：

1. 监考人员应提前 15 分钟进入考场，清理检查考场，如发现异常情况应及时予以处理，并对考生实施安检，督促考生将考试规定外的随身物品放置"物品存放处"。

2. 发卷前，监考人员应按座次表认真核对学生的考籍证与身份证，两证不全或身份不符者，不得让其参加考试；要防止学生擅自换动座位。

3. 考试前，监考人员应向学生郑重宣布："请同学们将必要文具外的所有物品、资料等存放到讲台前，并请大家仔细检查座位内外、周围有无与考试相关的字迹，如有疑问，要及时报告，以便妥善处理。"发卷前监考人员应最后提醒学生："请同学们再检查一遍座位，是否有与考试相关的资料、字迹。试卷发下后，一经查出以舞弊论处。"

4. 监考人员提前 3 分钟当众拆封分发试卷，但要控制在开考时间到后，才能让学生作答。

5. 考试中，监考人员应集中精力履行职责，不得接听、拨打手机，不得做与监考无关的事情，严禁随意离开考场，原则上要求考场前后各站一位监考老师，全面监控考场情况，并积极预防异常行为的发生。

6. 监考人员不得解释题意，或暗示学生答题的对与错，对试卷印刷不清或文字错误，可予以说明。

7. 监考人员发现学生有作弊行为的，应终止该生的考试，当场向该生指出其违纪的行为，令其退出考场，并在考场登记表上详细记载具体情况，有物证材料的作为附件一同报送二级学院（教学部）考务办。

8. 监考人员应如实完整填写《考场登记表》中的相关信息（重点信息：应考人数、实考人数、缺考人数及缺考考生的班级姓名、缓考人数及缓考考生的班级姓名）。

9. 考生提前交卷的，应督促其亲自将答卷交至监考人员手中。考试结束前十分钟，监考人员应向学生宣布："从现在起考生不得离开座位，直至老师收卷完毕才可离开。"以防学生浑水摸鱼带走答卷，同时监考人员一人维持秩序，一人逐个收卷。

10. 监考人员应仔细清点答卷，严防散失，在核对无误后装订成册，经二级学院（教学部）考务工作人员验收合格后方可离开。

11. 凡因未执行《监考人员职责》，监考工作失职，造成严重后果的，追究有关人员的责任。

附件 3：

学生考试守则

1. 学生持考籍证和身份证参加考试，并于考前 15 分钟进入考场接受安检后按指定座位对号入座，开考铃响后才能开始作答。

2. 考试迟到 30 分钟不准进入考场，开场 30 分钟后才能交卷离开考场。

3. 学生不得携带任何书籍、资料（开卷考试除外），以及手机等通信工具参加考试，带进了考场的应放到监考人员指定的地方，不服从监考人员管理的，监考人员有权不发给试卷，并责令其退出考场。

4. 学生应按要求在答卷上完整、准确地填写相关考生信息。在考试过程中，应严格遵守考纪考规，如有作弊行为，即被取消考试资格，并将按有关规定处理。

5. 凡不服监考人员所作的违纪或舞弊处理的学生，可以向二级学院（教学部）主考、教务处负责人或其他巡考人员直接申诉，但不得在考场内与监考人员争执，影响其他学生考试。学生申诉应在当场考试结束后三十分钟内提出，过期不予受理。

6. 学生遇到试题字迹、符号等模糊不清时，可举手向监考人员询问，但不得要求解释题意。

7. 提前交卷的学生应将考试答卷亲自交给监考人员，不得由他人代交。考试结束前十分钟，学生不得离开座位，须待监考人员收卷完毕清点无误后，宣布考试结束，才能离开考场。

8. 学生应保持考场内的卫生。

9. 学生因病或其他特殊原因不能参加考试的，必须在考前向二级学院、教务处提出缓考申请，并办理好有关手续。具体程序是：先由本人提交《课程缓考申报表》(附有关证明),然后经辅导员、二级学院教学副院长、院长、教务处审批同意后,方可缓考。除突发病住院可在三天内补办缓考手续以外,其他事后补办一律无效,均以旷考论处。

附件 4：

对考试违纪舞弊的处理

一、对在考试（查）过程中有下列情况之一的学生，按考试违纪处理，给予警告处分，处分结果通报全校，并扣除该门课程考试（查）所得分的 10~30 分，具体扣分如下。

1. 携带规定以外的物品进入考场或不按监考老师的规定存放物品的，扣 10 分；

2. 用书和作业本作试卷垫底，或未经监考老师同意擅自使用自备草稿纸的，扣 10 分；

3. 不按监考老师规定入座，或随意更换座位的，扣 20 分；

4. 未经监考老师同意互借计算器或其他物品的，扣 20 分；

5. 考试结束后在考室周围喧哗吵闹不听劝阻的，扣 20 分；

6. 左顾右盼有舞弊企图经一次警告仍不改正的，扣 30 分。

二、对在考试（查）过程中有下列情况之一的学生，按考试严重违纪处理，给予严重警告处分，态度恶劣，情节严重者，给予记过处分，该门课程考试成绩记零分，且不允许参加第一次课程补考（即肄业班的学生只能参加毕业补考，毕业班的学生作结业处理，待毕业一年后才能参加补考，补考合格者换发毕业证）。处分结果通报全院。

1. 有上述第一条行为之一且态度恶劣者；

2. 擅自缺考者〔有特殊情况无法参加正常考试者，须经二级学院（教学部）院长（主任）签署意见，教务处批准并备案，否则按擅自缺考论处〕；

3. 左顾右盼、交头接耳、企图暗示他人或企图要求他人暗示未成，经两次警告仍不改正者；

4. 企图抄袭、偷看、传递考试有关的资料但未造成舞弊事实者；

5. 考前在课桌、手脚、衣服等地方抄录与考试有关的文字未构成舞弊事实者；

6. 交卷时指点其他人或在考场外协助他人违纪者；

7. 在禁止交卷时间内强制交卷不听劝阻者；

8. 考试结束信号发出后继续答题，又不听监考老师警告者；

9. 在考室内喧哗或有其他影响考场秩序的行为，经劝阻仍不改正者。

三、对在考试（查）中有下列情况之一的学生，按考试舞弊处理，给予记过处分，态度恶劣，情节严重者，给予留校察看处分，该门课程成绩记零分，不允许参加第一次补考，处分结果通报全院。

1. 夹带、抄袭、偷看与考试有关的资料已构成事实者；

2. 互换试卷者；

3. 传递、接收答案已构成事实者；

4. 试卷雷同者。

四、使用通信设备作弊及其他作弊行为严重的，按考试舞弊处理，视情节轻重给予留校察看或开除学籍处分，该门课程成绩记零分，处分结果通报全院。

五、由他人代替考试、替他人参加考试、组织作弊或在校期间第二次舞弊者，给予开除学籍处分，该门课程成绩记零分，处分结果通报全院。

六、考室内发生考试秩序混乱，舞弊现象严重时，则该次考试无效，教务处将另行组织考试。

七、一旦发生违纪舞弊行为，监考人员应客观详细地在《考场情况登记表》上填写考场情况记录，并根据上述规定进行定性，如系考试违纪，应提出初步处理意见，注明于考场登记表上。

八、对有违纪或舞弊的学生，学校将有关情况记入学生档案，该学年度不得参与评先评优、助学金评定和推优入党等。

附件 5：

巡考工作规范

一、学校组织的考试要成立校院两级巡考工作组。学校巡考组由校领导、教务处、有关部门负责人、教学督导团等部门的人员组成，负责对全校考试工作的巡视、督导。各二级学院（教学部）巡考组，负责对本二级学院（教学部）考试进行巡视、督查。

二、学校巡考员要参加学校的考前考务工作会议，认真学习学校考试工作的有关规定，切实遵照《娄底职业技术学院课程考核规范》执行。在工作中必须坚持原则，秉公办事，认真负责。

三、学校巡考员在考试开考前1天到相关二级学院（教学部）督查二级学院（教学部）的考试准备工作，其中包括严格管理试卷以及对学生和教师进行严肃考试纪律和规范考试工作的教育。发现问题及时进行处理，并认真填写《娄底职业技术学院课程考核考前准备工作检查表》。

四、考试期间，学校巡考员要在每场考试开考前20分钟巡视各二级学院（教学部）考前准备工作，包括监考人员是否及时到位、考场清场是否彻底、学生是否按规定就坐等。对不规范考场，巡考员应督促监考人员及时改正。遇有重要情况需报学院主考、副主考和相关部门、二级学院（教学部）进行处理。

五、监考人员迟到、缺席和学生违纪、作弊行为等情况，巡考员应及时处理，并及时与教务处和有关二级学院（教学部）取得联系。

六、考试结束后，学校巡考员要填写《娄底职业技术学院考场巡考员日记》并及时交有关部门。

七、二级学院（教学部）巡考员职责参照学校巡考员的职责。

第八节 娄底职业技术学院学生公寓管理制度

一 总则

1. 学生公寓是住宿学生在校期间学习、生活、休息的重要公共场所，是对学生进行思想品德教育和行为教育的第二课堂。为加强对住宿学生日常生活的管理和引导，进一步提高学生的综合素质，为学生的正常学习和生活创造一个良好环境，制定本制度。

2. 住宿学生应自觉维护宿舍良好的安全、卫生、文明的生活秩序，接受和服从宿舍管理人员的管理，积极配合宿舍管理人员维护好宿舍区的秩序。

二 学生公寓管理部门职责范围

1. 校本部大专学生公寓由学生工作处负责管理，医学院校区学生公寓由医学部负责管理，中职部学生公寓由中职部负责管理。其职能是：

①按学校要求对学生公寓实施财产管理。

②负责学生寝室调配。

③负责学生公寓卫生、纪律、安全、寝室文化建设等项目的检查评比，评选"文明寝室"及先进个人。

④负责宿舍工作人员的组织、领导、教育和考核工作。

2. 各二级学院负责本院学生公寓内学生的思想政治教育、安全、财产、纪律、卫生、晚就寝、宿舍精神文明建设、宿舍文化等工作。

三 学生入住、退宿

1. 凡取得学籍的各类全日制学生，原则上均须统一安排在学生公寓住宿。住宿费用由学校财务部门依据上级文件规定按学年度向学生收取。

2. 学生家住娄星区城区内；在娄星区城区内有直系亲属且家长同意；属于外地户籍，但患有不宜群居的传染性疾病；属于外地户籍，患有重大疾病导致生活自理较困难，需要家长陪同照顾的学生可办理通学手续，不在校住宿，学校不安排床位，不交住宿费。通学生在校外发生的安全事故等一切责任自负。

3. 住宿学生擅自在校外租房住宿，引发的一切责任后果自负。

4. 所有住宿学生双休日、节假日回家不在学校住宿，必须实施请假制度，并在二级学院备案，便于查寝。

5. 学生因毕业、结业、休学、停学、退学等原因变更学籍的，须办理退宿手续并按期退宿。复学后重新办理入住手续后再重新安排入住。

6. 住宿学生退宿后，应及时带走自己的物品，否则，对因各种原因所造成的损失概由其本人承担责任。

7. 对依学校规定应办理退宿手续，在规定期限内不办理者，视为自行离走，由此所造成的损失概由其本人承担责任。

四　住宿管理

1. 学生住宿由二级学院负责统一安排，根据所安排的宿舍和相应的床位对号入住，不得私自调换。寝室里面的空床位由二级学院统一管理，不得私自占用空床位。如需调换宿舍，需向辅导员提出申请，经二级学院批准后方可调整。住宿学生应该听从宿舍管理员和学生公寓管理部门的管理，尊重宿舍管理人员。

2. 每间宿舍选出寝室长一名，负责管理和督促本寝室成员的安全、卫生、纪律，妥善安排寝室值日表，并且配合学生公寓管理部门、二级学院共同开展学生公寓管理中的各项工作。

五　安全管理

1. 住宿学生应自觉维护宿舍安全，增强安全意识和法制观念，提高防范能力和自我管理能力。及时劝阻、制止有损宿舍安全的不良行为。妥善保管好自己的贵重物品，减少盗窃案件的发生。

2. 宿舍区域发生盗窃案件时，学生应注意保护好现场，及时报告辅导员、保卫处和宿管部门，以便及时处理，发生重大案件时也可以拨打110报警电话。

3. 严禁在宿舍内存放易燃、易爆、易腐蚀、剧毒及具有放射性等危险物品，禁止燃放烟花爆竹。

4. 严格控制外来人员进入宿舍。所有外来人员必须持有效证件到值班室登记，经允许后方可进入宿舍，并按规定时间离开，所带物品须经值班员检查登记，不服从管理的人员交学校保卫部门处理。

5. 遵守消防规定。任何人不得擅自挪用消防器材，严禁在宿舍内使用明火（如焚烧纸张和使用煤气炉、煤油炉、酒精炉等各类有明火的器具），不使用劣质电器，严禁使用电磁炉、电火锅、热得快、电火炉、取暖器和未经学校批准的大功率电器设备，台灯必须放在桌面上使用，严禁擅自拉电线。宿舍内不抽烟，不乱扔烟蒂。安全通道禁止堆放物品。

6. 遵守学校统一规定的作息时间，按时归寝，准时熄灯。寝室人员离开本室时，关好门窗，切断水电源，做到人离门锁电断水关。

7. 宿舍内严禁携带刀、枪、棍、棒等管制刀具器械入内。严禁打架、斗殴，宿舍区学生发生矛盾冲突应及时通知宿舍管理员、辅导员、保卫处或学生工作处老师。

8. 宿舍不得有打牌赌博、起哄闹事、摔瓶等不文明行为。

9. 妥善保管好自己的贵重物品。做好贵重物品进出登记；寒暑假及五一、国庆长假期间贵重物品请自行保存好，被盗遗失责任自负。没带钥匙时严禁踹门，撞门。离开宿舍时，要及时关门，落锁。发现可疑人员，及时向有关部门报告。

10. 严禁高空抛物，不得在无防护栏的阳台，以及走廊上摆放花盆或者容易下坠伤人的重物。

11. 住宿学生均需刷卡刷脸通过门禁进出宿舍，严禁从门禁上跨越。

六　会客管理

1. 一般情况下，学生不得进入异性宿舍。如确属工作需要，必须辅导员批准，经宿管员同意并登记后方可进入。

2. 晚上9：00以后，任何人不得进入异性宿舍。

3. 校外来访人员必须出示证件，押证登记并经允许后方可进入，晚上10：00前必须离开宿舍。

4. 住宿生不得擅自让本宿舍以外人员留宿，如特殊原因需要留宿者，须辅导员同意批准。

七　公共秩序管理

1. 学生公寓楼实行校园一卡通门禁出入和夜间锁门制度，宿舍楼大门早上6：00开门，晚上11：00锁门。

2. 宿舍楼大门锁门后，晚归的学生必须确认学生身份，经管理员登记后方可准予进入，特殊情况需要外出的，须经辅导员批准方可外出。住宿学生不得攀越围墙、护栏、铁门和通过其他非正当途径进出宿舍楼。

3. 学生不得在宿舍区进行宗教活动，不得进行具有封建迷信色彩的活动；不做有损学校形象、有损社会公德的事情。

4. 学生不得在宿舍内酗酒，不得将盒饭、酒类制品带进宿舍。

5. 不得在宿舍楼内打球、滑旱冰，不得带宠物进宿舍区。

6. 不准在宿舍楼及厕所张贴、散发商业广告和电影海报等，严禁将商贩（包括送外卖）引进楼内，不准学生在宿舍区从事传销、推销商品等营利性经营活动，违者给予纪律处分并没收商品。

八　内务卫生管理

1. 住宿生要养成良好的卫生和劳动习惯，共同维护和创造良好的生活环境。住宿学生以宿舍为单位实行卫生轮值，宿舍长负责安排卫生轮值，各宿舍必须坚持轮值制度。值日生每天须将宿舍打扫整洁，并及时将垃圾倒入指定地点。各宿舍全体成员每周进行一次室内清洁大扫除。

2. 宿舍布置要求格调高雅，力求反映专业特色。宿舍卫生标准是：达到地面干净、无垃圾；桌面、门窗无灰尘，墙壁、天花板无蜘蛛网，床上被褥、衣物、书报等用品摆放整齐，室内无异味。学生管理部门定期检查，按照学校有关规定予以奖励和处罚。

3. 不准向楼道、窗外泼水，不准乱扔废纸、塑料袋等物品。不得向水池、便池或者排污管道乱扔杂物。违者处以批评或处分并承担相关费用。

4. 垃圾不得堆放在宿舍门口及楼道内，不准在墙壁上乱写乱画、踩脚印。

5. 为保障公寓区卫生及安静，不得在宿舍区饲养猫、狗、鸟等宠物，违者责令限期处理好宠物，并给予相应纪律处分。

6. 垃圾要进行分类管理，每个寝室对可回收垃圾和不可回收垃圾要进行分类，倒垃圾时要分类投放。

九　公共卫生管理

1. 公寓区的公共卫生坚持"大家的卫生，大家参与"的原则。凡入住公寓的学生要从自身做起，养成良好的公共卫生习惯，自觉遵守公共卫生道德和公共卫生制度，认真维护公共环境卫生，并积极参加社区公益劳动。

2. 要保持宿舍内外及公共场所墙壁的统一、美观、清洁，不得在墙壁上乱涂、乱画、乱张贴。

3. 不得在公寓区私拉绳晾衣物，不得在宿舍阳台、窗外悬挂有碍公寓美观的物品，不得在公共场所堆放杂物。

4. 要爱护公寓区周围绿化草地，不得随意践踏、破坏绿化，不得向绿化草地内扔垃圾等，保持公寓及周围绿化地带等公共场所"24小时无垃圾"。

财产管理

1. 学生公寓内的家具由学校按照宿舍类型统一配置，学生公寓管理部门建立健全的学生公寓家具档案，做到账、物二者相符，并负责日常的管理工作。

2. 床位、凳、桌、柜等家具配发给住宿同学使用，由使用者自行保管。不准乱写、乱画、乱刻，不准随意搬动、拆卸、改装，不得损坏或者丢失。凡发现违反上述规定的，轻者对其进行批评教育，重者要照价作出赔款和按规定进行处理。

3. 宿舍调整时，管理人员要做好家具的清点验收工作；学生退宿时，管理人员须与使用者共同核查家具的使用情况，由管理人员签收后方能办理离校手续。

4. 学生公寓的水电设施、门窗、玻璃、电话、风扇及其他设施、设备均为学校财产，住宿者要妥善使用和保管，不得私自拆装、调换、故意损坏，发现问题应及时到值班室或网上登记报修。

5. 学校统一的设施、设备实行由宿舍成员集体保管、寝室长负责的管理模式。未经学生公寓管理部门同意，请勿私自将设施、设备转借他人，也不得私自将设施、设备拆卸或搬出使用。按规定办理住宿调整时，除个人物品外，其他公有设施、设备均不得擅自搬动。

6. 学生应爱护各类设施，不得在宿舍墙壁、门窗及公共场所乱涂、乱画、乱钉和乱张贴，正确使用卫生间，不得向下水道、排污管、沟渠乱扔杂物，以免堵塞管道。非火灾事故发生时不得私自动用消防器材，违者将追究其责任。

7. 宿舍管理人员要定期对公共设施、设备进行清点检查，如发现有自然损坏情况，应督促使用保管人及时报修，如发现有丢失、人为损坏现象，相关责任人须照价赔偿或恢复原样，并按学校有关规定进行处理。

8. 学生公寓内配有清洁工具，学生要小心使用，避免造成不必要的浪费。

十一 水电管理

1. 学生宿舍内统一安装的水电设备，任何人不得故意损坏，私自拆卸或移装。

2. 学生要爱护水电设施，自觉养成节约水电的良好习惯，杜绝长明灯、长流水的现象。

3. 根据上级文件精神，学生公寓按实际入住人数提供每人每月免费使用 5 度电、3 吨水，超支自购的模式。

4. 学生公寓实行智能用电管理系统管理，每天系统自动扫描计算该宿舍实际用电量，如果实际用电量超过额定用电量，系统会自动停电。用完额定电量的宿舍请到完美校园 APP 上办理购电手续。

5. 宿舍里除使用收放机、计算机、充电器、电风扇外，其他电热器具（如电炉、热得快、电饭锅、电热毯）等大功率电器不得使用，否则系统将自动停电。

6. 请爱护宿舍内各种用水用电设备，损坏的请及时与楼栋水电维修责任人联系（联系方式见各楼栋一楼后勤生活服务指南公示牌）或在学校网站内阳光服务平台报修。

7. 学生宿舍禁止私拉乱接电线，一经发现，当场没收用电工具，偷电者上报学校处理。凡由于违章用电造成事故，一切后果由责任者负责。经济损失由责任者赔偿，并视情节轻重给予纪律处分，直至追究法律责任。

十二　计算机管理

1. 学生公寓对个人计算机实行登记管理制度。

2. 在学生公寓使用计算机应遵守宿舍作息制度。上机应不影响他人的学习和休息为原则。

3. 学生在宿舍使用计算机上网，应遵循国家和学校有关规定，不得登录非法网站和传播有害信息。不得进行宗教活动。

4. 凡开通校园网的宿舍楼，统一使用校园网络，不得使用其他网络接入模式和私自拉接网线。

5. 住宿生应妥善保管自己的计算机，避免丢失。

6. 对违反计算机使用管理规定的，根据有关条例进行处罚。

第九节

娄底职业技术学院学生集会制度

为加强学生的教育和管理，确保学生在集会及大型活动中的安全和秩序特制定本制度，本制度适用升旗仪式、会议、讲座、文艺表演、体育比赛等在校内外组织的学生集体活动。

一、学生参加集会必须整队进入会场，秩序井然，听从指挥，提前10分钟到指定位置就座，做到快、静、齐，不得迟到早退和无故缺席。

二、学生集会时手机要调为静音或关机，不得讲小话、吃零食、玩手机、听音乐（MP3）、接听电话、起哄、喝倒彩、打瞌睡和四处走动；不得看与会议无关的书刊；不得随地吐痰、乱扔果皮纸屑；不得发生其他不文明行为；不得中途退场等。会议、讲座时要专心听讲，做好笔记。

三、举行升国旗仪式时，全体师生应当面向国旗肃立致敬，迟到者应停止走动，站在原地面向国旗肃立致敬，待升旗仪式结束后方可入队列。

四、学生集会中奏唱国歌时，要声音响亮，吐字清晰，神态庄重。

五、学生集会时，二级学院应按照要求有学生管理工作人员在现场维持秩序，负责学生的仪表、仪容、礼节、礼貌、行为规范，跟班带队、现场组织指导，以防发生意外伤亡事故。二级学院学生干部应协助维持好会场秩序，同时做好检查出勤、纪律具体情况记录。

六、领导或客人进入会场和退出会场时，全体起立，鼓掌迎送；报告人讲话开始和结束时，应热烈鼓掌以示欢迎和感谢；同学在接受嘉奖时，应热烈鼓掌，以示祝贺。

七、学生有事离开会场，需经老师批准，脚步要轻，动作迅速，但不要奔跑，态度要大方，举止要文雅，并尽量避免在台前穿越。

八、会议中，主持人若没有宣布散会，不得擅自离场，散会时先欢送领导或客人退出会场，听从指挥，不得喧哗、拥挤，有组织地依次退场。

第十节 娄底职业技术学院学生集体外出活动管理制度

为规范我校学生集体外出活动，提高活动质量，确保活动安全，特制定以下相关规定。本制度适用学生郊游、野炊、演出和志愿服务活动等校外进行的集体活动。

一 申报要求

1. 学生集体外出活动由活动组织部门提前3个工作日做好活动方案，方案含参加活动名单、组织人和带队老师、活动地点、交通工具、活动内容、活动组织、安全应急预案等内容。
2. 学生集体外出活动须有老师亲自带队前往并组织。
3. 活动组织部门填写《娄底职业技术学院学生集体外出活动审批表》，按审批表上要求和流程找有关部门审批，经审批后方可组织实施。
4. 通过旅行社组织集体外出活动，须提供双方签订的正式合同和安全责任协议书。

二 活动组织

1. 集体外出活动前组织者要对学生进行至少一次以上的集中专项安全教育，要落实"定组织、定人数、定路线、定范围、定责任"五项措施，并定时向有关部门领导汇报安全情况，组织者不得擅自更改活动规定的内容。

2. 集体外出活动应遵守国家法律，遵守学校的规章制度，遵守公共场所的基本行为准则，尊重当地的风俗人情。

3. 遵守集体外出活动的作息时间，按时返回驻地和学校；不得擅自脱离队伍或外出，否则由学生个人行为而造成的学生失散、意外伤害、食物中毒、交通事故、治安纠纷等事故一概由学生本人负责。

4. 严禁学生爬树、攀岩，严禁路过森林或有易燃物的地区使用明火，严禁追逐打闹，严禁到池塘、水库、江河、海滩等危险区域洗澡、戏水、游玩，严禁到传染疫区活动。

5. 郊游活动范围原则上不得超出娄底市范围（爱国主义教育基地除外），活动时间只能是双休日或节假日，原则上不准在外过夜，不准影响正常教学。因特殊原因影响正常教学需要调课的，必须经二级学院和教务处同意，并办理有关手续；否则学生以旷课论处，并追究组织者的责任。

6. 集体外出时，全体学生必须配合带队老师的安排，配合有关学生干部的指挥，如有违纪按有关条款予以处罚。

7. 各级学生干部有责任和义务协助带队老师做好学生集体外出活动时的管理工作，并起模范带头作用，如发现学生干部违纪，从严惩处。

8. 学生集体外出活动，组织部门要精心策划，周密安排，事先对车辆、饮食、行进路线等详细了解、落实，对全体参加的学生进行安全知识教育、饮食卫生教育，并事先布置好紧急情况下的联络方式和预案，从而杜绝交通事故、食物中毒、学生失散、意外伤害等重大事故的发生。因带队老师组织和管理不力造成事故的，要追究带队老师的直接责任。

9. 学生集体外出活动结束后，应向相关部门实行报告制度。

三　应急处置

1. 在学校组织学生集体外出活动过程中，因意外或不可抗力造成事故时，活动组织者应第一时间拨打110、120或122电话报警，并立即组织人员自救。

2. 活动组织者在第一时间迅速上报二级学院或管理部门，不得瞒报、误报；二级学院和相关部门负责人要第一时间赶赴现场，亲自组织指挥，处理事故。积极主动配合有关单位做好事故善后处理工作。

3. 若遇恶劣天气不适合出行或存在其他重大安全隐患，不准组织学生进行校外集体活动，已批准的一律自动取消。

四　责任追究

1. 任何个人、各级学生组织（社团）、班级、二级学院未经主管部门同意不得擅自组织学生集体外出或参加商业性庆典和演出等活动。对不申报或申报未获得批准而擅自组织外出活动的，由此而带来的一切后果由组织者自行负责并按有关规定追究组织者的责任。

2. 对忽视安全、玩忽职守、管理不善造成严重事故的，事故发生后瞒报、误报的，按有关规定追究责任人的责任。

3. 对违反本规定的学生取消当学年的评优、评奖、评助、推优入党等资格。

4. 集体外出活动谁组织谁负责，对组织不当的带队老师按学校相关规定追究责任。

第十一节

娄底职业技术学院学生考勤制度

为维护学校正常的教学、生活秩序，规范和培养学生的良好行为，增强学生的纪律意识，保证学校各项活动的顺利进行，提高办学水平和教学质量，加强校风学风建设，结合学院实际，特制定本制度。

一、学生在校期间应遵守学校管理制度，努力学习，完成规定学业。学生要按时参加专业培养计划规定和学校统一安排组织的一切活动。学生上课、晚自习、晚就寝、晨练、劳动、军训、政治学习、集会以及学校和学院统一安排的实习活动等，都要实行考勤。因故不能参加者，必须请假，否则，一律以旷课论处，按实际时间计算旷课节次。

二、学生应严格履行请假、销假手续。凡需请假的学生，实事求是地填写请假条，因病请假的还需学校医务室或二级以上医院（含二级）证明，辅导员、二级学院、学生工作处审核通过后生效，医学部学生的请假由医学部审核通过后生效。假期完后，应按时返校，并及时到辅导员处销假，未按时返校缺席的教学等活动，均以旷课论处；凡请病假10天以上的学生，销假复学需提供二级及以上医院证明，并经学校医务室审核签字，确定已康复符合复学条件方可返校学习。

三、学生应当按照学校规定的时间来校报到注册，未经批准逾期回校注册者，按旷课论处（一天按6学时计），自每学期开学第一天起执行考勤。

四、按规定出勤时间完整地参加学习与活动全过程的为全勤；学生自上课铃响十五分钟内到教室上课或参加活动者，为迟到；学生自上课铃响十五分钟后到教室上课或参加活动者，为旷课；学生在规定出勤时间提前离开的，为早退。

五、晨练旷缺 1 次记旷课 1 课时；所有学生考勤迟到或早退累计 3 次记旷课 1 课时。

六、学生请假期限和手续办理：

（一）学生请假 1 天以内（含 1 天），辅导员审核同意生效。

（二）学生请假 2~15 天，学生提供相关请假证明，辅导员须亲自与学生家长电话联系核实情况后签署意见，二级学院审核同意生效（家长同意学生请假的签字、短信或电话录音由辅导员负责保存）。

（三）半个月以上的请假，学生须填写"长假请假条"，提供相关请假证明，由家长亲自来校办理，经辅导员、二级学院和学生工作处签字同意后生效，医学部学生的请假由医学部审核通过后生效。

七、学生请假原则全年不超过三个月，否则只能办理休学或退学。

第十二节

娄底职业技术学院学生勤工助学管理办法

为规范管理我校学生勤工助学工作，促进勤工助学活动健康、有序地开展，保障学生的合法权益，培养学生自立自强精神，增强学生社会实践能力，帮助学生顺利完成学业，根据教育部财政部关于印发《高等学校勤工助学管理办法（2018年修订）》（教财〔2018〕12号）的通知精神，结合我校实际，特制定本办法。

第一条 勤工助学活动是指学生在学校的组织下利用课余时间，通过劳动取得合法报酬，用于改善学习和生活条件的社会实践活动。它是学校学生资助工作的重要组成部分，是提高学生综合素质和资助家庭经济困难学生的有效途径。

第二条 勤工助学活动必须坚持"立足校园、服务社会"的宗旨，按照学有余力、自愿申请、信息公开、扶困优生、竞争上岗、遵纪守法的原则，在不影响正常教学秩序和学生正常学习的前提下有组织地开展。

第三条 学生勤工助学管理机构和工作职责

我校学生勤工助学活动由学生工作处（部）统一组织和管理。任何单位或个人未经学生工作处（部）同意，不得聘用在校学生打工。学生私自在校外打工的行为，不在本办法规定之列。具体工作职责如下：

1. 负责制定学生勤工助学管理制度，组织协调全校学生勤工助学工作。

2. 对校内勤工助学岗位的设定、用工要求等进行审核，对学生勤工助学活动和酬金发放等工作实施规范管理。

3. 积极开拓学生勤工助学岗位，建立校内勤工助学学生数据库。

第四条 学生勤工助学组织与管理

1. 学生参加校内勤工助学必须到学生资助中心报名，并填写《勤工助学申请表》。学生资助中心根据报名资料，建立勤工助学学生数据库。

2. 勤工助学学生的选聘原则：（1）遵守校纪校规，道德品质良好；（2）学习成绩合格；（3）身体健康；（4）家庭经济困难学生；（5）有岗位专长者优先；（6）同等条件下，成绩优秀的学生优先考虑。

3. 学生勤工助学必须在课余时间或休息日进行，必须遵守学校作息时间和相关管理制度，以不影响正常学习、生活、管理为前提。

4. 学生参加校外勤工助学，必须经家长、所在二级学院同意，并报学生资助中心审批，填写《勤工助学申请表》。否则，一旦学生与用人单位发生矛盾或造成不良后果，其责任自负，期间如违反校纪校规，学校将按有关规定作出处理。

5. 凡具有下列情况者，取消其勤工助学资格：（1）不服从用工单位安排者；（2）未经批准擅自脱岗者；（3）在岗位上不负责任者；（4）因故休学者；（5）一学年有两门课程不及格者；（6）受党、团、行政处分者。

第五条 用工审批程序

每学期初，学校用工由各职能部门填写《勤工助学岗位计划申报表》（包括用工人数、时间和经费额度等），报学生工作处（部）资助中心汇总，经分管学生工作校领导审批后，资助中心将用工需求向全校公布，由学生竞争上岗，未经批准，用工部门不得擅自聘用学生。

第六条 经费来源

学校经费预算勤工助学专项经费用于校内学生勤工助学岗位的工资发放。

第七条 勤工助学的计酬标准

各岗位待遇按 12 元 / 小时计酬。学生参加勤工助学的时间原则上每周不超过 8 小时，每月不超过 40 小时。各用人部门可以根据实际情况合理安排待遇，最多不超过 480/ 月发放。

第八条 校内勤工助学报酬的发放

用工部门每月末对勤工助学学生工作量统计汇总，并造好工资发放表，由用工部门负责人审查，报学生资助中心审核，报主管领导审批，由财务处负责发放。

第九条 本办法由学生工作处（部）负责解释，自公布之日起实施。

娄底职院党政办
2019 年 3 月 4 日印发

第十三节 娄底职业技术学院学生证和乘车优惠卡管理办法

为加强我校对学生证的管理，维护良好的校园秩序，推进学校标准化管理水平，结合我校实际情况，特制定本办法。

第一条　学生证是我校在校学生的身份证明。新生入学后经复查取得学籍，学校发给学生证。学生毕业、退学或因其他原因（休学、停学除外）离校时，交回学生证。

第二条　学生证由学校统一印制，由学生工作处负责发放、补办，各二级学院协助发放、补办和回收。

第三条　每学期开学后二周内，以班为单位由辅导员（中专班主任）持缴费收据和学生证到二级学院办理学期注册盖章手续，未经注册的学生证无效。

第四条　学生必须妥善保管学生证。如因故遗失责任自负，需要补办的，带有效身份证明和1寸证件照到学生工作处按程序办理。

第五条　学生找回遗失的学生证后，应立即到学生工作处交回补办的学生证。一个学生不得同时拥有两个及以上学生证。违反上述使用规定，造成的后果，由学生本人承担，并视情节轻重给予批评教育，直至纪律处分。

第六条　学生不得将学生证转借他人，不得擅自涂改学生证，如发现此类情况，视情节给予批评教育，直至纪律处分。

第七条　学生证上必须如实记载学生家庭所在地的乘车区间。如学生因家庭地址变动或家长工作单位变动，需更改乘车区间，必须出具当地公安机关的户口迁移证明或父母所在单位的证明，由学生本人到学生工作处办理更改。学生不得擅自涂改。

第八条 发放新生学生证时,大专学生按需乘坐火车人数统一办理"火车票优惠卡",平时无特殊情况一律不予办理。"火车票优惠卡"要妥善保管,不能和其他有磁性的证、卡混放,否则,卡会失效。

第九条 "火车票优惠卡"每张可乘坐火车次数为12次,卡中显示乘坐次数为4次,每年限用4次(寒暑假家庭、学校间往返各二次),用完4次后只能在每年九月份报到注册后,按学校统一安排的时间以班为单位到学生工作处免费增输乘车次数,使用至学生毕业。凡因未办"火车票优惠卡"或在规定时间内未增输的,责任由学生本人负责。

第十条 本规定由学生工作处负责解释,自公布之日起实施。

第十四节 娄底职业技术学院学生档案管理办法

为了规范我校学生档案管理，充分发挥学生档案资料在教育管理、学生活动和学生就业中的重要作用，根据《中华人民共和国档案法》和《高等学校档案管理办法》，特制定本办法。

第一条 学生档案的分类

学生档案分纸质档案和电子档案。纸质档案中包括入校前录取档案、学生在校档案和就业档案。

第二条 归档材料

（一）新生入学材料：入校前高中或职高阶段学习期间的档案材料、高考报名登记表、体检表、录取通知书等。

（二）在校档案材料

1. 娄底职业技术学院《在籍学生学籍登记表》。

2.《学生在校期间诚信情况记载表》。

3. 奖励证明材料：包括校级及以上各种奖励审批表。

4. 违纪处分材料：学生在校期间触犯国家法律、违反学校管理规定给予纪律处分的文件。

5. 组织发展材料：加入中国共产党、共青团或民主党派的组织审批材料（由学校组织部、团委单独管理）。

6. 学习成绩材料：各门课程学习成绩表（教务处提供）。

7. 学生贷款材料：申请书、合同、承诺书、还贷确定书等。

8. 困难学生材料：《高校学生及家庭情况调查表》和《娄底职业技术学院家庭经济困难学生认定申请表》。

9. 体检表：入校时、毕业时各一份。

10. 毕业材料：《毕业生登记表》、毕业实习鉴定表、毕业设计等。

（三）就业档案资料

第三条 建档时间和要求

（一）新生入学后，辅导员负责将《新生纸制档案》，按专业班级和学号顺序造册，在每年10月底移交学生工作处学生档案室，每位学生必须上交。

（二）学生档案管理员接收新生档案后，更换学校统一印制的档案袋，根据班级、学号等对档案进行审核、整理、编号。

（三）学生在校期间各种奖惩材料于发文之日起一个月内归档。

（四）体检表由二级学院负责在体检完后一个月内及时移交学生工作处学生档案室归档。

（五）《在籍学生学籍登记表》和《学生在校期间诚信情况记载表》一式两份，由辅导员统一填写，毕业学期3月份由二级学院统一上交学生档案室。

（六）学习成绩综合表，由教务处负责在毕业学期4月份转交学生档案室。

（七）《毕业生登记表》在毕业学期3月份由二级学院统一上交学生档案室。

（八）就业档案资料，由招生就业处负责收集、整理、归档、保管。

（九）归档材料不得使用圆珠笔、纯蓝墨水、铅笔、复写纸等书写，必须使用黑色笔书写，字迹要清晰；除传真件需复印外，一般不得用复印件代替原件存档，且个人材料必须有本人签字，凡规定由部门审查盖章材料，相关部门加盖公章。

（十）材料归档时，有关单位应标明学生层次、专业，并按学号顺序排列；材料装袋之前，要认真核对，保证材料不错装、漏装。归档材料交接时，交接双方经办人要履行签字手续，注明承办单位和时间。若材料不符要求，由送交单位按要求重新组织办理。

（十一）相关职能部门和二级学院除提供纸质档案材料外还应按电子档案要求和格式建立相应数据库，以便档案室建立学生电子档案，学生电子档案可永久保存到学校。

（十二）各部门严格按本办法按时整理、移交相关材料。

第四条 档案保管的要求

1. 档案管理员按时做好清档、建档、归档工作，按照档案管理的要求，建立学生档案室，统一保管学生档案。

2. 档案管理分级保存，条目清晰，条理清楚。

3. 档案库房按有关规定做好防盗、防火、防高温、防潮湿、防霉、防鼠等工作，确保档案安全。

4. 电子档案应充分考虑环境、设备、技术普及的特点，采取有效措施，永久地处于可准确提供作用状态，每年拷贝一次，备份二份。

第五条 档案传递管理

1. 根据《中华人民共和国档案法》和上级有关文件要求，学生档案可以通过机要渠道（或邮政EMS）转递。

2. 档案传递建立传递单和登记本，对档案领取人和领取时间明确登记。

3. 档案密封后，只有用人单位的工作人员因工作需要和要求可拆封，任何个人不得私自启封。

4. 按照文件要求，毕业档案在学校免费保管期为2年。2年择业期内仍未落实单位或单位不具备保管档案条件的毕业生，学生本人可以将档案转至各地市州（县市区）人才交流中心服务机构委托代管。

5. 退学、开除学籍、中途转学、录取未注册的学生档案按程序进行转退。

6. 本校历届毕业生的个人档案因丢失等原因如需补办，必须提出申请报告、所在单位出具档案遗失证明、原所在二级学院就读证明材料、毕业证书和身份证原件，方可按规定要求补办毕业档案。

第六条 档案的利用、保密

1. 严格遵守保密制度，一律先登记后查询。外来单位查阅毕业生档案，必须凭单位介绍信，并经学生工作处处长批准后方可查阅。

2. 任何学生不得查阅或借阅本人或他人档案。

3. 查阅档案未经批准不得抄录、复制、拍照，不准在原始档案上涂改、划圈、折叠、撕毁和拆散，未经档案管理员认可，任何人不得进入库房。

第七条 本办法针对于大专学生档案，中专学生档案参照实施。

第八条 学生工作处负责解释，自公布之日起执行。

第十五节

高等学校毕业生学费和国家助学贷款代偿暂行办法

第一条 为引导和鼓励高校毕业生面向中西部地区和艰苦边远地区基层单位就业，根据《中共中央关于推进农村改革发展若干重大问题的决定》（中发〔2008〕16号）和《国务院办公厅关于加强普通高等学校毕业生就业工作的通知》（国办发〔2009〕3号）有关精神，制定本办法。

第二条 高校毕业生到中西部地区和艰苦边远地区基层单位就业、服务期在3年以上（含3年）的，其学费由国家实行代偿。在校学习期间获得国家助学贷款（含高校国家助学贷款和生源地信用助学贷款，下同）的，代偿的学费优先用于偿还国家助学贷款本金及其全部偿还之前产生的利息。

第三条 本办法中高校毕业生是指中央部门所属普通高等学校中的全日制本专科生（含高职）、研究生、第二学士学位应届毕业生。定向、委培以及在校学习期间已享受免除学费政策的学生除外。

第四条 本办法中，西部地区是指西藏、内蒙古、广西、重庆、四川、贵州、云南、陕西、甘肃、青海、宁夏、新疆12个省（自治区、直辖市）。

中部地区是指河北、山西、吉林、黑龙江、安徽、江西、河南、湖北、湖南、海南10个省。

艰苦边远地区是指除上述地区外，国务院规定的艰苦边远地区。

第五条 本办法中的基层单位是指：

（一）中西部地区和艰苦边远地区县以下机关、企事业单位，包括乡（镇）政府机关、农村中小学、国有农（牧、林）场、农业技术推广站、畜牧兽医站、乡镇卫生院、计划生育服务站、乡镇文化站等。

（二）工作现场地处中西部地区和艰苦边远地区县以下的气象、地震、地质、水电施工、煤炭、石油、航海、核工业等中央单位艰苦行业生产第一线。

第六条　凡符合以下全部条件的高校毕业生，可申请学费和国家助学贷款代偿：

（一）拥护中国共产党的领导，热爱祖国，遵守宪法和法律；

（二）在校期间遵守学校各项规章制度，诚实守信，道德品质良好，学习成绩合格；

（三）毕业时自愿到中西部地区和艰苦边远地区基层单位工作、服务期在3年以上（含3年）。

第七条　每个高校毕业生每学年代偿学费和国家助学贷款的金额最高不超过6000元。毕业生在校学习期间每年实际缴纳的学费或获得的国家助学贷款低于6000元的，按照实际缴纳的学费或获得的国家助学贷款金额实行代偿。毕业生在校学习期间每年实际缴纳的学费或获得的国家助学贷款高于6000元的，按照每年6000元的金额实行代偿。

本科、专科（高职）、研究生和第二学士学位毕业生代偿学费和国家助学贷款的年限，分别按照国家规定的相应学制计算。

第八条　国家对到中西部地区和艰苦边远地区基层单位就业的获得学费和国家助学贷款代偿资格的高校毕业生采取分年度代偿的办法，学生毕业后每年代偿学费或国家助学贷款总额的1/3，3年代偿完毕。

第九条　按本办法确定的学费和国家助学贷款代偿所需资金，由中央财政安排。

第十条 符合条件的高校毕业生,按以下程序申请学费和国家助学贷款代偿:

(一)高校毕业生本人在办理离校手续时向学校递交《学费和国家助学贷款代偿申请表》和毕业生本人、就业单位与学校三方签署的到中西部地区和艰苦边远地区基层单位服务3年以上的就业协议。

(二)在校学习期间获得国家助学贷款的高校毕业生,在与国家助学贷款经办银行签订毕业后的还款计划书时,应注明已申请国家助学贷款代偿,如果获得国家助学贷款代偿资格,不需自行向银行还款。

(三)高校根据上述材料,按本办法规定,审查申请资格;在每年6月底前,将符合条件的高校毕业生相关材料集中报送全国学生资助管理中心审批。对存在"二次定岗"的毕业生,高校应在毕业生提交有关证明材料并经审查后,最迟于当年12月底前将申请材料集中报送全国学生资助管理中心审批。

全国学生资助管理中心在收到高校申请材料后一个月内,将审批确定的获得学费和国家助学贷款代偿资格的学生名单通知有关高校及国家助学贷款经办银行,同时将有关审批文件报教育部、财政部备案。

第十一条 高校需在每年6月30日前将获得学费和国家助学贷款代偿资格的高校毕业生当年在职在岗情况报送全国学生资助管理中心。

高校毕业生所在高校要建立与就业单位和国家助学贷款经办银行定期联系制度。高校要专门为经资格审查合格的学费和国家助学贷款代偿的高校毕业生建立完整准确的档案,并将高校毕业生在本学段学习期间获得学费和国家助学贷款代偿情况书面通知毕业生本人、就业单位人事部门及国家助学贷款经办银行。同时,还应主动了解并定期向全国学生资助管理中心和国家助学贷款经办银行通报毕业生的工作情况,以便经办银行及时掌握借款学生的动态情况,做好国家助学贷款业务贷后管理工作。

第十二条 除因正常调动、提拔、工作需要换岗而离开中西部地区和艰苦边远地区基层单位外，对于未满3年服务年限，提前离开中西部地区和艰苦边远地区基层单位的高校毕业生，就业单位人事部门应要求其及时向办理代偿的原高校申请取消学费和国家助学贷款代偿资格。

对于取消学费代偿资格的毕业生，高校应及时将有关情况报送全国学生资助管理中心。全国学生资助管理中心从当年开始停止对其学费的代偿。

对于取消国家助学贷款代偿资格的毕业生，改由其本人负责偿还余下的国家助学贷款本息。就业单位应当及时将有关情况通报给高校，并凭毕业生重新签订的国家助学贷款还款计划书为其办理离职手续。高校应将有关情况及时通知全国学生资助管理中心和国家助学贷款经办银行。

对于不及时向高校提出取消学费和国家助学贷款代偿资格申请、不与银行重新签订还款计划书、提前离岗的高校毕业生，一律视为严重违约，国家有关部门要将其不良信用记录及时录入国家金融业统一征信平台相关数据库。

第十三条 学费和国家助学贷款代偿资格经全国学生资助管理中心审定后，有关部门（单位）应按照部门预算管理的有关规定，将学费和国家助学贷款代偿资助项目经费编入部门预算。财政部及时将代偿资金拨付给全国学生资助管理中心。全国学生资助管理中心应在收到财政部拨付的代偿资金15个工作日内，将代偿资金拨付给高校。高校应于15个工作日内将代偿资金代为偿还给高校毕业生国家助学贷款经办银行或返还给高校毕业生本人。

第十四条 有关高校要严格执行国家相关财经法规和本办法的规

定，对代偿资金实行分账核算，专款专用，不得截留、挤占、挪用，同时应接受财政、审计、纪检监察、主管机关等部门的检查和监督。

第十五条 对于弄虚作假的高校和高校毕业生，一经查实，除收回国家代偿资金外，将按有关规定追究相关责任。

第十六条 各省（自治区、直辖市）要参照本办法规定的原则，制定吸引和鼓励高校毕业生面向本辖区艰苦边远地区基层单位就业的学费和国家助学贷款代偿办法。

第十七条 本办法自公布之日起施行。财政部、教育部印发的《高等学校毕业生国家助学贷款代偿资助暂行办法》（财教〔2006〕133号）同时废止。

第十六节 高等学校学生应征入伍服义务兵役国家资助办法

第一章 总则

第一条 为推进国防和军队现代化建设，鼓励高等学校学生积极应征入伍服义务兵役，提高兵员征集质量，对应征入伍服义务兵役及退役后自愿回校复学的高等学校学生，国家给予资助。现根据有关规定，制定本办法。

第二条 高等学校学生应征入伍服义务兵役国家资助，是指国家对应征入伍服义务兵役的高校学生，在入伍时对其在校期间缴纳的学费实行一次性补偿或获得的国家助学贷款（国家助学贷款包括校园地国家助学贷款和生源地信用助学贷款，下同）实行代偿；应征入伍服义务兵役前正在高等学校就读的学生（含按国家招生规定录取的高等学校新生），服役期间按国家有关规定保留学籍或入学资格、退役后自愿复学或入学的，国家实行学费减免。

第三条 本办法所称高等学校是指根据国家有关规定批准设立、实施高等学历教育的全日制公办普通高等学校、民办普通高等学校和独立学院（以下简称"高校"）。

第四条 本办法所称高校学生是指高校全日制普通本专科（含高职）、研究生、第二学士学位的应（往）届毕业生、在校生和入学新生，以及成人高校招收的普通本专科（高职）应（往）届毕业生、在校生和入学新生（以下简称"高校学生"）。

下列高校学生应征入伍服义务兵役不享受国家资助：

（一）在校期间已免除全部学费的学生；

（二）定向生、委培生和国防生；

（三）其他不属于服义务兵役到部队参军的学生。

第五条　高校学生应征入伍服义务兵役国家资助资金，全部由中央财政安排。

第二章　标准及年限

第六条　学费补偿、国家助学贷款代偿及学费减免标准，本专科生每人每年最高不超过6000元，硕士研究生每人每年最高不超过8000元，博士研究生每人每年最高不超过10000元。

学费补偿或国家助学贷款代偿金额，按学生实际缴纳的学费或获得的国家助学贷款（国家助学贷款包括本金及其全部偿还之前产生的利息，下同）两者金额较高者执行，据实补偿或者代偿。退役复学后学费减免金额，按学校实际收取学费金额执行。超出标准部分不予补偿、代偿或减免。

获学费补偿学生在校期间获得国家助学贷款的，补偿资金必须首先用于偿还国家助学贷款。如补偿金额高于国家助学贷款金额，高出部分退还学生。

第七条　获得国家助学贷款的高校在校生应征入伍后，国家助学贷款停止发放。

第八条　学费补偿、国家助学贷款代偿和学费减免的年限，按照国家对本科、专科（高职）、研究生和第二学士学位规定的相应修业年限据实计算。以入伍时间为准，入伍前已达到的修业规定年限，即为学费补偿或国家助学贷款代偿的年限；退役复学后应完成的国家规定的修业年限的剩余期限，即为学费减免的年限；复学后攻读更高层次学历不在减免学费范围之内。

专升本、本硕连读、中职高职连读、第二学士学位毕业生补偿学费或代偿国家助学贷款的年限，分别按照完成本科、硕士、高职和第二学士学位阶段学习任务规定的学习时间计算。

专升本、本硕连读学制在校生，在专科或本科学习阶段应征入伍的，以实际学习时间实行学费补偿或国家助学贷款代偿；在本科或硕士学习阶段应征入伍的，以本科已学习时间或硕士已学习时间计算，实行学费补偿或国家助学贷款代偿，其以前专科学习时间或本科学习时间不计入学费补偿或国家助学贷款代偿。中职高职连读学生学费补偿或国家助学贷款代偿的年限，按照高职阶段实际学习时间计算。

第三章　申请与审批

第九条　高校学生申请应征入伍服义务兵役国家资助应遵循以下程序：

（一）应征报名的高校学生登录大学生征兵报名系统，按要求在线填写、打印《高校学生应征入伍学费补偿国家助学贷款代偿申请表》(一式两份，以下简称《申请表》)并提交学校学生资助管理部门。在校期间获得国家助学贷款的学生，需同时提供《国家助学贷款借款合同》复印件和本人签字的一次性偿还贷款计划书。

（二）学校相关部门对《申请表》中学生的资助资格、标准、金额（如有生源地信用助学贷款，学校应联系贷款经办银行或贷款经办地县级学生资助管理机构确认贷款金额）等相关信息审核无误后，对《申请表》加盖公章，一份留存，一份返还学生。

（三）学生在征兵报名时将《申请表》交至入伍所在地县级人民政府征兵办公室（以下简称"县级征兵办"）。学生通过征兵体检被批准入伍后，县级征兵办对《申请表》加盖公章并返还学生。

（四）学生将《申请表》原件和入伍通知书复印件，寄送至原就读高校学生资助管理部门。

第十条 高校学生资助管理部门在收到学生寄送的《申请表》和《入伍通知书》复印件后，对各项内容进行复核，符合条件的，应及时向学生进行学费补偿或国家助学贷款代偿。

对于办理校园地国家助学贷款的学生，由学校按照还款计划，一次性向银行偿还学生校园地国家助学贷款本息，并将银行开具的偿还贷款票据交寄学生本人或其家长。偿还全部贷款后如有剩余资金，汇至学生指定的地址或账户。

对于入学前在户籍所在县（市、区）办理了生源地信用助学贷款的学生，由学校根据学生签字的还款计划，一次性向银行偿还学生生源地信用助学贷款本息，或由学校将代偿资金汇入学生贷款经办地县级学生资助管理机构账户，由县级学生资助管理机构向银行偿还；学校或县级学生资助管理机构将银行开具的偿还贷款票据交寄学生本人或其家长，县级学生资助管理机构还应同时将偿还贷款票据复印件寄送学生就读高校。偿还全部贷款后如有剩余资金，汇至学生指定的地址或账户。

第十一条 退役后自愿回校复学的学生，到学校报到后向学校提出学费减免申请，填写并提交《高校学生退役复学学费减免申请表》和退出现役证书复印件。学校学生资助管理部门在收到申请材料后，及时对学生申请资格进行审核认定。符合条件的，及时办理学费减免手续。

第十二条 资助资金不足以偿还国家助学贷款的，学生应与经办银行重新签订还款计划，偿还剩余部分国家助学贷款。

第十三条 应征入伍服义务兵役的往届毕业生，如申请国家助学贷款代偿的，应由学生本人继续按原还款协议自行偿还贷款，学生本人凭贷款合同和已偿还的贷款本息银行凭证向学校申请全部代偿资金。

第四章 资金拨付和管理

第十四条 中央部门所属高校（以下简称中央高校）国家资助资金由中央财政拨付全国学生资助管理中心，地方所属高校（以下简称地方高校）国家资助资金由中央财政拨付各省级财政部门。

第十五条 地方高校学生应征入伍服义务兵役国家资助资金采取"当年先行预拨，次年据实结算"的办法。中央财政于每年5月底前，对各省份上一年度实际所需资助经费进行清算，并以上一年度实际支出金额为基数提前下达各省份当年资金预算。

第十六条 中央有关部门、各省级财政和教育部门应及时将资金拨付至所属高校。各有关高校应采取有效措施，及时支付资助经费，确保国家资助政策及时落实到位。

第十七条 每年10月31日前，中央高校应将本年度高校学生应征入伍服义务兵役国家资助的经费使用等情况，报全国学生资助管理中心审核。地方高校应将本年度高校学生应征入伍服义务兵役国家资助的经费使用等情况，报各省（区、市）学生资助管理中心；各省（区、市）学生资助管理中心审核无误后，于每年11月15日前，报全国学生资助管理中心备案。

第十八条 各地财政、教育部门和高校要严格执行国家相关财经法规和本办法的规定，对高校学生应征入伍服义务兵役国家资助资金实行分账核算，专款专用，并接受财政、审计、纪检监察、主管机关等部门的检查和监督。对弄虚作假、套取财政资金或截留、挤占、挪用财政资金的行为，将按照有关规定严肃处理。情节严重的，将依法追究有关责任人的法律责任。

第五章 管理与监督

第十九条 因本人思想原因、故意隐瞒病史或弄虚作假、违法犯罪等行为造成退兵的学生，学校取消其受助资格，并不得申请学费减免。各省（区、市）人民政府征兵办公室应在接收退兵后及时将被退回学生的姓名、就读高校、退兵原因等情况逐级上报至国防部征兵办公室，并按照学生原就读高校的隶属关系，通报同级教育行政部门。

被部队退回并被取消资助资格的学生，如学生返回其原户籍所在地，已补偿的学费或代偿的国家助学贷款资金由学生户籍所在地县级教育行政部门会同同级人民政府征兵办公室收回；如学生返回其原就读高校，已补偿的学费或代偿的国家助学贷款由学生原就读高校会同退役安置地县级人民政府征兵办公室收回。各县级教育行政部门和各高校应在收回资金后十日内，逐级汇总上缴全国学生资助管理中心。收回资金按规定作为下一年度学费补偿或国家助学贷款代偿经费。

第二十条 因部队编制员额缩减、国家建设需要、因战因公负伤致残、因病不适宜在部队继续服役、家庭发生重大变故需要退出现役等原因，经组织批准提前退役的学生，仍具备受助资格。其他原因非正常退役学生的资助资格认定，由学校所在地省（区、市）人民政府征兵办公室会同同级教育行政部门确定。

第二十一条 各地教育行政部门、人民政府征兵办公室和高校要认真履行职责，按照规定要求，对应征入伍高校学生的入伍资格、资助资格等进行认真审核,不得弄虚作假。对符合要求的高校应征入伍学生,学校应及时办理资助手续。

第六章 附 则

第二十二条 本办法由财政部、教育部、总参谋部负责解释。

第二十三条 本办法自公布之日起实施。2009年4月20日财政部、教育部、总参谋部印发的《应征入伍服义务兵役高等学校毕业生学费补偿国家助学贷款代偿暂行办法》(财教〔2009〕35号)和2011年10月19日财政部、教育部、总参谋部印发的《应征入伍服义务兵役高等学校在校生学费补偿国家助学贷款代偿及退役复学后学费资助暂行办法》(财教〔2011〕510号)同时废止。

第十七节

高等学校校园秩序管理若干规定

第一条 为了优化育人环境，加强高等学校校园管理，维护教学、科研、生活秩序和安定团结的局面，建立有利于培养社会主义现代化建设专门人才的校园秩序，制定本规定。

第二条 本规定所称的高等学校（以下简称"学校"）是指全日制普通高等学校和成人高等学校。

本规定所称的师生员工是指学校的教师（包括外籍教师）、学生（包括外国在华留学生）、教育教学辅助人员、管理人员和工勤人员。

第三条 学校的师生员工以及其他到学校活动的人员都应当遵守本规定，维护宪法确立的根本制度和国家利益，维护学校的教学、科研秩序和生活秩序。

学校应当加强校园管理，采取措施，及时有效地预防和制止校园内的违反法律、法规、校规的活动。

第四条 学校应当尊重和维护师生员工的人身权利、政治权利、教育和受教育的权利以及法律规定的其他权利，不得限制、剥夺师生员工的权利。

第五条 进入学校的人员，必须持有本校的学生证、工作证、听课证或者学校颁发的其他进入学校的证章、证件。

未持有前款规定的证章、证件的国内人员进入学校，应当向门卫登记后进入学校。

第六条 国内新闻记者进入学校采访，必须持有记者证和采访介绍信，在通知学校有关机构后，方可进入学校采访。

外国新闻记者和港澳台新闻记者进入学校采访，必须持有学校所在省、自治区、直辖市人民政府外事机关或港澳台办的介绍信和记者证，并在进校采访前与学校外事机构联系，经许可后方可进入学校采访。

第七条 外国人、港澳台人员进入学校进行公务、业务活动，应当经过省、自治区、直辖市或者国务院有关部门同意并告知学校后，或按学术交流计划经学校主管领导研究同意后，方可进入学校。自行要求进入学校的外国人、港澳台人员，应当在学校外事机构或港澳台办批准后，方可进入学校。接受师生员工个人邀请进入学校探亲访友的外国人、港澳台人员，应当履行门卫登记手续后进入学校。

第八条 依照本规定第五条、第六条、第七条的规定进入学校的人员，应当遵守法律、法规、规章和学校的制度，不得从事与其身份不符的活动，不得危害校园治安。

对违反本规定第五条、第六条、第七条和本条前款规定的人员，师生员工有权向学校保卫机构报告，学校保卫机构可以要求其说明情况或者责令其离开学校。

第九条 学生一般不得在学生宿舍留宿校外人员，遇有特殊情况留宿校外人员，应当报请学校有关机构许可，并且进行留宿登记，留宿人离校应注销登记。不得在学生宿舍内留宿异性。

违反前款规定的，学校保卫机构可以责令留宿人离开学生宿舍。

第十条 告示、通知、启事、广告等，应当张贴在学校指定或者许可的地点。散发宣传品、印刷品应当经过学校有关机构同意。对于张贴、散发反对我国宪法确立的根本制度、损害国家利益或者侮辱诽谤他人的公开张贴物、宣传品和印刷品的当事者，由司法机关依法追究其法律责任。

第十一条 在校园设置临时或者永久建筑物以及安装音响、广播、电视设施，设置者、安装者应当报请学校有关机构审批，未经批准不得擅自设置、安装。

师生员工或者有关团体、组织使用学校的广播、电视设施,必须报请学校有关机构批准,禁止任何组织或者个人擅自使用学校广播、电视设施。

违反第一款、第二款、第三款规定的,学校有关机构可以劝其停止设置、安装或者停止活动,已经设置、安装的,学校有关机构可以拆除,或者责令设置者、安装者拆除。

第十二条 在校内举行集会、讲演等公共活动,组织者必须在七十二小时前向学校有关机构提出申请,申请中应当说明活动的目的、人数、时间、地点和负责人的姓名。学校有关机构应当最迟在举行时间的四小时前将许可或者不许可的决定通知组织者。逾期未通知的,视为许可。

集会、讲演等应符合我国的教育方针和相应的法规、规章,不得反对我国宪法确立的根本制度,不得干扰学校的教学、科研和生活秩序,不得损害国家财产和其他公民的权利。

第十三条 在校内组织讲座、报告等室内活动,组织者应当在七十二小时前向学校有关机构提出申请,申请中应当说明活动的内容、报告人和负责人的姓名。学校有关机构应当最迟在举行时间的四小时前将许可或者不许可的决定通知组织者。逾期未通知的,视为许可。

讲座、报告等不得反对我国宪法确立的根本制度,不得违反我国的教育方针,不得宣传封建迷信,不得进行宗教活动,不得干扰学校的教学、科研和生活秩序。

第十四条 师生员工应当严格按照学校的安排进行教学、科研、生活和其他活动,任何人都不得破坏学校的教学、科研和生活秩序,不得阻止他人根据学校的安排进行教学、科研、生活和其他活动。

禁止师生员工赌博、酗酒、打架斗殴以及其他干扰学校的教学、科研和生活秩序的行为。

第十五条 师生员工组织社会团体，应当按照《社会团体登记管理条例》的规定办理。成立校内非社会团体的组织，应当在成立前由其组织者报请学校有关机构批准，未经批准不得成立和开展活动。

校内非社会团体的组织和校内报刊必须遵守法律、法规、规章，贯彻我国的教育方针和遵守学校的制度，接受学校的管理，不得进行超出其宗旨的活动。

第十六条 违反本规定第十二条、第十三条、第十四条和第十五条的规定的，学校有关机构可以责令其组织者以及其他当事人立即停止活动。违反本规定第十二条第二款的规定，损害国家财产的，学校有关机构可以责令其赔偿损失。

第十七条 禁止无照人员在校园内经商。设在校园内的商业网点必须在指定地点经营。违反前款规定的，学校有关机构可以责令其停止经商活动或者离开校园。

第十八条 对违反本规定，经过劝告、制止仍不改正的师生员工，学校可视情节给予行政处分或者纪律处分；属于违反治安管理行为的，由公安机关依法处理；情节严重构成犯罪的，由司法机关处理。

师生员工对学校的处分不服的，可以向有关教育行政部门提出申诉，教育行政部门应当在接到申诉的三十日内做出处理决定。

对违反本规定，经劝告、制止仍不改正的校外人员，由公安、司法机关根据情节依法处理。

第十九条 各高等学校可以根据本规定制定具体管理制度。

第二十条 本规定自发布之日起实施。

第十八节 学生伤害事故处理办法

第一章 总则

第一条 为积极预防、妥善处理在校学生伤害事故，保护学生、学校的合法权益，根据《中华人民共和国教育法》《中华人民共和国未成年人保护法》和其他相关法律、行政法规及有关规定，制定本办法。

第二条 在学校实施的教育教学活动或者学校组织的校外活动中，以及在学校负有管理责任的校舍、场地、其他教育教学设施、生活设施内发生的，造成在校学生人身损害后果的事故的处理，适用本办法。

第三条 学生伤害事故应当遵循依法、客观公正、合理适当的原则，及时、妥善地处理。

第四条 学校的举办者应当提供符合安全标准的校舍、场地、其他教育教学设施和生活设施。

教育行政部门应当加强学校安全工作，指导学校落实预防学生伤害事故的措施，指导、协助学校妥善处理学生伤害事故，维护学校正常的教育教学秩序。

第五条 学校应当对在校学生进行必要的安全教育和自护自救教育；应当按照规定，建立健全安全制度，采取相应的管理措施，预防和消除教育教学环境中存在的安全隐患；当发生伤害事故时，应当及时采取措施救助受伤害学生。

学校对学生进行安全教育、管理和保护，应当针对学生年龄、认知能力和法律行为能力的不同，采用相应的内容和预防措施。

第六条 学生应当遵守学校的规章制度和纪律；在不同的受教育阶段，应当根据自身的年龄、认知能力和法律行为能力，避免和消除相应的危险。

第七条 未成年学生的父母或者其他监护人（以下称为监护人）应当依法履行监护职责，配合学校对学生进行安全教育、管理和保护工作。

学校对未成年学生不承担监护职责，但法律有规定的或者学校依法接受委托承担相应监护职责的情形除外。

第二章　事故与责任

第八条 发生学生伤害事故，造成学生人身损害的，学校应当按照《中华人民共和国侵权责任法》及相关法律、法规的规定，承担相应的事故责任。

第九条 因下列情形之一造成的学生伤害事故，学校应当依法承担相应的责任：

（一）学校的校舍、场地、其他公共设施，以及学校提供给学生使用的学具、教育教学和生活设施、设备不符合国家规定的标准，或者有明显不安全因素的；

（二）学校的安全保卫、消防、设施设备管理等安全管理制度有明显疏漏，或者管理混乱，存在重大安全隐患，而未及时采取措施的；

（三）学校向学生提供的药品、食品、饮用水等不符合国家或者行业的有关标准、要求的；

（四）学校组织学生参加教育教学活动或者校外活动，未对学生进行相应的安全教育，并未在可预见的范围内采取必要的安全措施的；

（五）学校知道教师或者其他工作人员患有不适宜担任教育教学工作的疾病，但未采取必要措施的；

（六）学校违反有关规定，组织或者安排未成年学生从事不宜未成年人参加的劳动、体育运动或者其他活动的；

（七）学生有特异体质或者特定疾病，不宜参加某种教育教学活动，学校知道或者应当知道，但未予以必要的注意的；

（八）学生在校期间突发疾病或者受到伤害，学校发现，但未根据实际情况及时采取相应措施，导致不良后果加重的；

（九）学校教师或者其他工作人员体罚或者变相体罚学生，或者在履行职责过程中违反工作要求、操作规程、职业道德或者其他有关规定的；

（十）学校教师或者其他工作人员在负有组织、管理未成年学生的职责期间，发现学生行为具有危险性，但未进行必要的管理、告诫或者制止的；

（十一）对未成年学生擅自离校等与学生人身安全直接相关的信息，学校发现或者知道，但未及时告知未成年学生的监护人，导致未成年学生因脱离监护人的保护而发生伤害的；

（十二）学校有未依法履行职责的其他情形的。

第十条 学生或者未成年学生监护人由于过错，有下列情形之一，造成学生伤害事故，应当依法承担相应的责任：

（一）学生违反法律法规的规定，违反社会公共行为准则、学校的规章制度或者纪律，实施按其年龄和认知能力应当知道具有危险或者可能危及他人的行为的；

（二）学生行为具有危险性，学校、教师已经告诫、纠正，但学生不听劝阻、拒不改正的；

（三）学生或者其监护人知道学生有特异体质，或者患有特定疾病，但未告知学校的；

（四）未成年学生的身体状况、行为、情绪等有异常情况，监护人知道或者已被学校告知，但未履行相应监护职责的；

（五）学生或者未成年学生监护人有其他过错的。

第十一条 学校安排学生参加活动，因提供场地、设备、交通工具、食品及其他消费与服务的经营者，或者学校以外的活动组织者的过错造成的学生伤害事故，有过错的当事人应当依法承担相应的责任。

第十二条 因下列情形之一造成的学生伤害事故，学校已履行了相应职责，行为并无不当的，无法律责任：

（一）地震、雷击、台风、洪水等不可抗的自然因素造成的；

（二）来自学校外部的突发性、偶发性侵害造成的；

（三）学生有特异体质、特定疾病或者异常心理状态，学校不知道或者难于知道的；

（四）学生自杀、自伤的；

（五）在对抗性或者具有风险性的体育竞赛活动中发生意外伤害的；

（六）其他意外因素造成的。

第十三条 下列情形下发生的造成学生人身损害后果的事故，学校行为并无不当的，不承担事故责任；事故责任应当按有关法律法规或者其他有关规定认定：

（一）在学生自行上学、放学、返校、离校途中发生的；

（二）在学生自行外出或者擅自离校期间发生的；

（三）在放学后、节假日或者假期等学校工作时间以外，学生自行滞留学校或者自行到校发生的；

（四）其他在学校管理职责范围外发生的。

第十四条 因学校教师或者其他工作人员与其职务无关的个人行为，或者因学生、教师及其他个人故意实施的违法犯罪行为，造成学生人身损害的，由致害人依法承担相应的责任。

第三章　事故处理程序

第十五条　发生学生伤害事故，学校应当及时救助受伤害学生，并应当及时告知未成年学生的监护人；有条件的，应当采取紧急救援等方式救助。

第十六条　发生学生伤害事故，情形严重的，学校应当及时向主管教育行政部门及有关部门报告；属于重大伤亡事故的，教育行政部门应当按照有关规定及时向同级人民政府和上一级教育行政部门报告。

第十七条　学校的主管教育行政部门应学校要求或者认为必要，可以指导、协助学校进行事故的处理工作，尽快恢复学校正常的教育教学秩序。

第十八条　发生学生伤害事故，学校与受伤害学生或者学生家长可以通过协商方式解决；双方自愿，可以书面请求主管教育行政部门进行调解。成年学生或者未成年学生的监护人也可以依法直接提起诉讼。

第十九条　教育行政部门收到调解申请，认为必要的，可以指定专门人员进行调解，并应当在受理申请之日起60日内完成调解。

第二十条　经教育行政部门调解，双方就事故处理达成一致意见的，应当在调解人员的见证下签订调解协议，结束调解；在调解期限内，双方不能达成一致意见，或者调解过程中一方提起诉讼，人民法院已经受理的，应当终止调解。调解结束或者终止，教育行政部门应当书面通知当事人。

第二十一条　对经调解达成的协议，一方当事人不履行或者反悔的，双方可以依法提起诉讼。

第二十二条　事故处理结束，学校应当将事故处理结果书面报告主管的教育行政部门；重大伤亡事故的处理结果，学校主管的教育行政部门应当向同级人民政府和上一级教育行政部门报告。

第四章　事故损害的赔偿

第二十三条　对发生学生伤害事故负有责任的组织或者个人，应当按照法律法规的有关规定，承担相应的损害赔偿责任。

第二十四条　学生伤害事故赔偿的范围与标准，按照有关行政法规、地方性法规或者最高人民法院司法解释中的有关规定确定。

教育行政部门进行调解时，认为学校有责任的，可以依照有关法律法规及国家有关规定，提出相应的调解方案。

第二十五条　对受伤害学生的伤残程度存在争议的，可以委托当地具有相应鉴定资格的医院或者有关机构，依据国家规定的人体伤残标准进行鉴定。

第二十六条　学校对学生伤害事故负有责任的，根据责任大小，适当予以经济赔偿，但不承担解决户口、住房、就业等与救助受伤害学生、赔偿相应经济损失无直接关系的其他事项。

学校无责任的，如果有条件，可以根据实际情况，本着自愿和可能的原则，对受伤害学生给予适当的帮助。

第二十七条　因学校教师或者其他工作人员在履行职务中的故意或者重大过失造成的学生伤害事故，学校予以赔偿后，可以向有关责任人员追偿。

第二十八条　未成年学生对学生伤害事故负有责任的，由其监护人依法承担相应的赔偿责任。

学生的行为侵害学校教师及其他工作人员以及其他组织、个人的合法权益，造成损失的，成年学生或者未成年学生的监护人应当依法予以赔偿。

第二十九条 根据双方达成的协议、经调解形成的协议或者人民法院的生效判决，应当由学校负担的赔偿金，学校应当负责筹措；学校无力完全筹措的，由学校的主管部门或者举办者协助筹措。

第三十条 县级以上人民政府教育行政部门或者学校举办者有条件的，可以通过设立学生伤害赔偿准备金等多种形式，依法筹措伤害赔偿金。

第三十一条 学校有条件的，应当依据保险法的有关规定，参加学校责任保险。

教育行政部门可以根据实际情况，鼓励中小学参加学校责任保险。

提倡学生自愿参加意外伤害保险。在尊重学生意愿的前提下，学校可以为学生参加意外伤害保险创造便利条件，但不得从中收取任何费用。

第五章　事故责任者的处理

第三十二条 发生学生伤害事故，学校负有责任且情节严重的，教育行政部门应当根据有关规定，对学校的直接负责的主管人员和其他直接责任人员，分别给予相应的行政处分；有关责任人的行为触犯刑律的，应当移送司法机关依法追究刑事责任。

第三十三条 学校管理混乱，存在重大安全隐患的，主管的教育行政部门或者其他有关部门应当责令其限期整顿；对情节严重或者拒不改正的，应当依据法律法规的有关规定，给予相应的行政处罚。

第三十四条 教育行政部门未履行相应职责，对学生伤害事故的发生负有责任的，由有关部门对直接负责的主管人员和其他直接责任人员分别给予相应的行政处分；有关责任人的行为触犯刑律的，应当移送司法机关依法追究刑事责任。

第三十五条 违反学校纪律，对造成学生伤害事故负有责任的学生，学校可以给予相应的处分；触犯刑律的，由司法机关依法追究刑事责任。

第三十六条 受伤害学生的监护人、亲属或者其他有关人员，在事故处理过程中无理取闹，扰乱学校正常教育教学秩序，或者侵犯学校、学校教师或者其他工作人员的合法权益的，学校应当报告公安机关依法处理；造成损失的，可以依法要求赔偿。

第六章 附 则

第三十七条 本办法所称学校，是指国家或者社会力量举办的全日制的中小学（含特殊教育学校）、各类中等职业学校、高等学校。本办法所称学生是指在上述学校中全日制就读的受教育者。

第三十八条 幼儿园发生的幼儿伤害事故，应当根据幼儿为完全无行为能力人的特点，参照本办法处理。

第三十九条 其他教育机构发生的学生伤害事故，参照本办法处理。

在学校注册的其他受教育者在学校管理范围内发生的伤害事故，参照本办法处理。

第四十条 本办法自2002年9月1日起实施，原国家教委、教育部颁布的与学生人身安全事故处理有关的规定，与本办法不符的，以本办法为准。

在本办法实施之前已处理完毕的学生伤害事故不再重新处理。

第十九节 学生管理其他规章制度

学校通过网页形式会及时补充和更新学生管理相关规章制度,包括医学院、五年制高职部有关的中职学生管理制度,方便同学们进行查阅和学习。具体查阅方式为:

一 网页查阅方式

首先,输入 http://www.ldzy.com 进入娄底职业技术学院官网,点击"学工在线",然后点击"政策制度",便可以查阅学生管理有关规章制度。

二 二维码扫一扫查阅

第四章

生活服务

第一节 "校园一卡通"服务

"校园一卡通"在校园内主要具有综合消费类、身份识别类、公共信息服务类等功能，对校内就餐、商店消费、网络缴费、图书借阅、上机管理、宿舍出入门禁等进行服务。

一 服务类别

1 开户
新生用户入校时由学校统一办理，辅导员统一发放，首次办理不需要缴纳任何费用，自愿预存相应金额作为平时消费使用，并开启学生所住宿舍楼栋的门禁权限，方便学生进出宿舍。

2 挂失
"校园一卡通"如丢失应及时到学校后勤服务大厅挂失。以保障财产安全，防止他人盗刷，"校园一卡通"均做了日消费 40 元的限额处理，日消费超过 40 元时需要输入密码才能继续消费，减少丢卡遭他人盗刷的损失。

3 补卡
学生携身份证等有效相关身份证明到学校后勤服务大厅办理。费用为 10 元 / 张，学生相对应的原卡信息、余额都会在新卡中，不会丢失。

4 维护
"校园一卡通"如在使用过程中出现故障，可携卡到老培训楼 101 信息服务大厅进行维护。

二 服务项目

1 消费　商户会根据学生消费情况在消费机上输入对应金额，刷卡时卡片一接触消费机的读头，听到"嘀"的一声，就会看到扣款成功，请及时拿开卡片。

2 宿舍门禁　所有学生公寓均已安装好门禁管理系统，学生只能凭卡出入本人所住楼栋。本人将卡放置在门禁感应器感应区，门禁系统会自动识别身份，发出"嘀"音后自动解锁，5秒内可以推或拉门出入，5秒内未推或拉开门，系统将自动锁门，需重新刷卡出入。

3 图书馆　所有学生都已开通图书馆相应权限，同学们可以刷卡进出图书馆以及借还书，同时也可在电子阅览室上机消费。

三 注意事项

1. 使用"校园一卡通"时必须遵守国家法律和学校有关规定。

2. "校园一卡通"仅限本人使用，不可转借他人，也不得由他人代办相关业务。

3. 伪造、盗用他人"校园一卡通"者，将依法追究当事人的责任。

4. "校园一卡通"采用非接触式智能IC卡技术制造，在卡片的夹层中含有天线和集成电路，不能随意弯曲、打孔，应妥善保管，以防电路损坏。

第二节 后勤服务

学校后勤服务中心为全校师生提供餐饮、水电及维修、热水洗浴、洗衣、直饮水及开水等服务。其服务大厅坐落于知行路（实训楼斜对面），主要对校园一卡通和后勤服务卡进行充值服务，水电报修服务。服务时间为周一至周五上午8：30—12：00、下午2：30—5：30，周六、周日下午3：00—5：30。

一 餐饮服务

学校食堂位于学生宿舍区的中心位置，主体共分为三层，其中一、二楼为食堂，负一楼为超市，总使用面积为8000平方米，可满足7000左右学生的就餐需求，食堂主要以湘、川、粤三大菜系为主，兼营地方风味，可满足各种档次餐饮需要。此外，食堂为满足不同地域的学生需求还提供有西域特色的土耳其烧烤、其丰客西餐连锁，传统民族特色的云南木桶饭、福建千里香等，知名小吃有浏阳蒸菜、德园灌汤包、青树坪米粉、罗记卤饭、生滚潮州粥等，学生凭校园一卡通选择食堂任意窗口就餐，食堂供餐时间为7：00—22：00。

二 水电及维修服务

1. 根据教育部文件精神，学生公寓按实际入住人数提供每人每月免费使用 5 度电、3 吨水，超支自购的模式。

2. 学生公寓实行智能用电管理系统管理，每周一、三早上 9：00 系统自动扫描计算该宿舍实际用电量，如果实际用电超过额定用电量，系统会自动停电。用完额定电量的宿舍请到后勤服务大厅办理购电手续。

3. 宿舍里除使用收放机、电脑、充电器、电风扇外，其他大功率电热器具［如电炉、电热棒（杯）、电饭锅、电热毯等］不得使用，否则系统将自动停电。

4. 学校后勤服务中心负责学生宿舍内门窗、水电、家具等设施的维修服务，每栋宿舍楼有维修责任人，其联系电话见各楼栋一楼大厅后勤生活服务指南公示牌，宿舍有任何报修可以直接拨打维修责任人联系电话或在学校网站内阳光服务平台进行网上报修。

三 热水洗浴服务

学校在每间学生宿舍统一安装了热水洗浴系统，热水洗浴为有偿服务，使用前需将后勤服务卡在后勤服务大厅窗口进行充值，供水时段内将后勤服务卡放到热水感应器的感应区，稍等几秒热水即出，若要停水，只需把卡从感应区移开即可。收费标准为 0.05 元 / 升（一般的塑料桶放满一桶水约一元钱左右）。

供水时段：早上 6：30—8：00　下午 4：00—11：00。

四 洗衣服务

学生公寓每栋一楼都设有洗衣房。洗衣机为有偿服务，凭微信支付进行洗衣操作。洗衣收费标准为 3 元／次。

五　直饮水及开水服务

每间学生公寓、教学楼、实训场所都配有饮水机，24 小时提供饮水服务。

收费标准：118 元／人／年。

六　相关规定

1. 学生宿舍禁止私拉乱接电线，一经发现，当场没收用电工具，偷电者，上报学校处理。凡由于违章用电造成事故，一切后果由责任者负责。经济损失由责任者赔偿，并视情节轻重给予纪律处分，直至追究法律责任。

2. 爱护宿舍内的门窗桌椅、玻璃、门锁等室内用具，如有损坏可在学校网站内阳光服务平台中报修。非人为损坏的由学校免费提供维修，属人为损坏的，维修材料费由损坏者支付，学生毕业、离校时宿舍管理员按规定清点室内用品，包括房屋、门窗、热水系统等完好无损方能办理离校手续。如属人为损坏，短缺则照价赔偿，情节恶劣、态度不端正者给予纪律处分。

3. 学生公寓内的卫生间、下水道在入住前统一疏通交付使用，如重复堵塞，按 15 元／次收取疏通费，堵塞不报造成楼下宿舍漏水及损失均由该宿舍负责。

4. 热水洗浴系统装有防偷水设施（铅封及铝箔封条），使用中务必爱护系统设施，发现有不正常现象及时在网上报修或拨打维修电话，不得擅自私动设备。损坏防偷水设施则被视为偷水。同时有下列现象之一者视为偷水：①卡表活接、铅封、损坏或私动铅封。②水管活接、铝箔封损坏或私动铝箔封。③卡表外壳被拆动或毁坏。④水管被钻孔、断裂或损坏。⑤水管阀门或活接被损坏。⑥系统电路、电线被拆动或损坏。

5. 热水洗浴使用中请爱护卡表，不得将肥皂、洗发水、蜡烛等其他物质置于卡表上，如果卡表外壳变形、烫伤，或玻璃表面损坏看不清数字，都视为卡表损坏。

6. 损坏热水洗浴设备照价赔偿，对有偷水嫌疑的房间，一经查实除照价赔偿被损坏的设备设施外，每发现一次该宿舍视情节轻重赔偿相应金额。如该宿舍能提供损坏当事人，则由当事人全部承担；如找不出当事人则由该宿舍所住人员共同承担。赔偿金额必须于发现之日起在一周内现金交清，对不按期交清或拒不交款者，学校按有关规定进行处罚。

7. 损坏热水洗浴设施赔偿价格表：

卡表	580 元 / 个
20 闸阀	50 元 / 个
变压器	50 元 / 个
20 水管	60 元 / 处
电线	20 元 / 根
40 水管	100 元 / 处

第三节 网络服务

学校选择与中国联通进行网络合作，为学生宿舍宽带和校园集团网提供全面、细致、周到、贴心和便捷的服务。

一、服务大厅地点：食堂对面学生事务大厅网络服务中心。

二、新用户服务：学生凭身份证到服务大厅办理，交费后服务商提供上网账号、密码和客户端，学生在电脑上安装客户端输入账号和密码登录即可。

三、网络维护：网络使用过程中出现故障，可以致电0738-8361303或10010，服务商第一时间会安排工作人员上门进行处理。

四、常见网络故障处理：

1. 显示错误"691／619"，请检查账号密码是否输入有误。

2. 显示错误"720禁止远程，网络连接不上"，请检查电脑是否开了热点或者使用了无线WiFi软件，如有请先卸载掉这些软件，再重新登录账号密码。

3. 显示错误"678"，请检查水晶头是否松动；交换机、电脑等设备的端口有故障；光缆故障或者线路问题。

4. 显示错误"769"，电脑的"本地连接"有可能被不小心禁用了或者网卡驱动丢失了，或者网卡烧坏等网卡故障，这时需要好好检查下电脑。

5. 显示错误"651"，是线路问题，请检查下网线和交换机。

五、计算机和网络安全

1. 学生要保管好计算机，外出和晚上睡觉时宿舍随手锁门，笔记本电脑佩戴电脑锁，寒暑假宿舍内不放置电脑，以防丢失。

2. 注意防止火灾、雷电、灰尘、强磁场、摔砸撞击等自然或人为因素对计算机进行危害，雷雨季节不要在窗边或其他容易遭受雷击的位置使用计算机。

3. 计算机必须使用合格的插座，使用时须保持良好的散热，笔记本电脑不要在床上使用，以免散热不畅导致笔记本死机或引发火灾。

4. 计算机安装杀毒软件和防火墙进行保护，从正规的网站下载软件，不要从来历不明的网站随意下载，下载的软件在使用前须用杀毒软件检查无病毒后才可进行安装。不要向不熟悉的人随便请求QQ远程协助，防止计算机病毒侵害。

5. 养成文件备份的好习惯。计算机定期备份操作系统，以便系统迅速恢复。重要数据如论文、作业、文件等资料保存到移动硬盘、网络硬盘（如金山快盘、百度网盘、微软Skydrive云存储、Apple iCloud云存储等）上备份。

6. 在访问互联网时应注重个人网络隐私保护，不要随意将个人重要信息张贴到互联网上。使用各大银行的网络银行注意将银行卡密码、网银登录密码和网银支付密码分开，开通网银时建议开通U盾功能（保证支付交易必须插入U盾，并验证U盾密码，这是目前最高安全级别和可靠的网银使用方法）。将常用网银的网址保存到IE收藏夹中，以免输入错误网址访问到域名相近的钓鱼网站上。使用网银前最好用杀毒软件快速扫描C盘和内存区。

第四节 图书馆服务

学校图书馆现有3275平方米独立馆舍一栋，下设办公室、采编部、阅览部、流通部、信息服务部等工作部门，在医学院校区设有分馆。主要为全校师生提供纸质图书借阅，报纸、期刊、过刊阅览，自修室，电子阅览室，电子资源阅读和下载等服务。图书馆以"读者第一，服务至上"为宗旨，每周开放时间90小时以上。

一 纸质图书借阅服务

我馆纸质图书分藏于文史书库、专业书库、综合书库、工具书库和医学院分馆内。

（一）各书库位置及藏书类型

文史书库：位于图书馆一楼，主要藏书类型（A：马列主义、毛泽东思想、邓小平理论；B：哲学、宗教；C：社会科学；D：政治、法律；H：语言、文字；I：文学）。

专业书库1：位于图书馆二楼，主要藏书类型（F：经济；TU：建筑科学；TS：轻工业、手工业、生活服务业；TP：自动化、计算机技术）。

专业书库2：位于图书馆三楼，主要藏书类型（TM：电工技术；TN：电子技术、通信技术；TG：金属学与金属工艺；TK：能源与动力工程；TV：水利工程；TB：一般工业技术；TH：机械、仪表工业；

K：历史、地理；S：农业科学；R：医药、卫生；O：数理化）。

综合书库：位于图书馆三楼，主要藏书类型（G：文化、科学、教育、体育；Z：综合性图书；J：艺术；E：军事；V：航空、航天；P：天文学、地球科学；X：环境、安全科学；U：交通运输；N：自然科学；Q：生物科学；S：农业科学）。

医学院分馆（建设中）：位于医学院理实一体化楼六楼（面积1890平方米），设藏阅一体室、休闲阅览室、自习室、电子阅览室等。

（二）纸质图书借阅服务时间

除法定假日外，周一至周五均对读者开放，开放时间段：
夏、秋季上午8：00—12：00，下午3：00—6：00
冬、春季上午8：00—12：00，下午2：30—5：30

（三）纸质图书借书流程

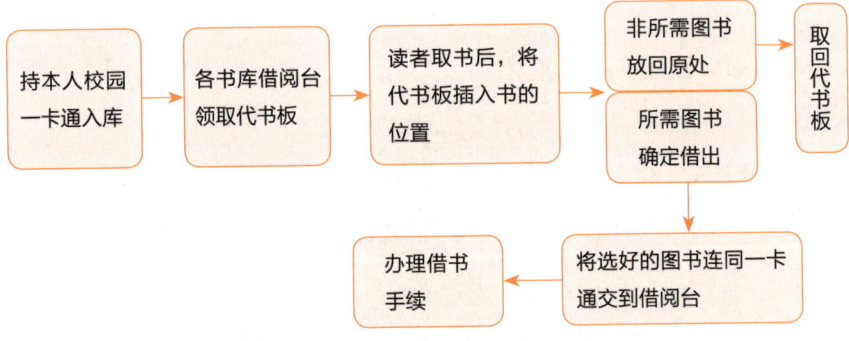

（四）纸质图书还书流程

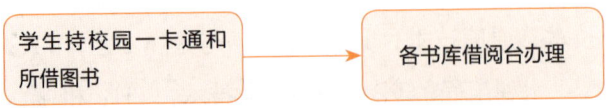

（五）注意事项

1. 教师和读者协会会员最多同时借阅 6 本图书，最多借阅时间三个月，可续借一次。学生最多同时借阅 3 本图书，最多借阅时间一个月，可续借一次。
2. 图书超期归还需交 0.1 元 / 天的超期罚款。
3. 图书损坏或丢失需要赔书或赔款，赔书除赔原正版书外需另交 10 元图书处理费和超期罚款，赔款按书价 20 元以下五倍，20 元及以上三倍缴纳赔款。

二　电子阅览服务

电子阅览室位于图书馆六楼，主要给学校广大师生提供一个良好的利用电子资源的场所。图书馆电子阅览室配有 80 台电脑，配有空调、电脑座椅、环境优雅。电子阅览室仅对本校师生开放，实行有偿服务。在电子阅览室中可免费使用 28 万册的超星电子图书、知网全文数据库等，每台终端机不仅可以利用上述电子资源，而且均接入互联网，方便读者利用网上资源。

（一）服务时间

除法定假日外，周一至周日均对读者开放。
开放时间段：8：00—12：00　　13：30—21：30。

（二）服务流程

（三）注意事项

1. 电子阅览室收费标准为 1 元 /1 小时。

2. 本阅览室使用软件管理，上机者须在工作台凭本人校园一卡通刷卡上机，无卡禁止入内。

3. 一人一机，严禁两人或多人使用一台机器，不得乱搬桌椅。

4. 读者应遵守国家相关法律，严禁浏览、下载、上传各种非法、淫秽内容的网页，一经发现，严肃处理。

5. 上机时出现故障和问题，应及时与工作人员联系，不得擅自处理。

三　报纸、期刊阅览服务

图书馆建立了报纸阅览室和期刊阅览室，主要为师生提供报刊和期刊的阅览服务。环境宽敞、明亮、典雅、舒适。阅览室拥有报纸、期刊共 900 余种，所藏资料全架开放，为师生教学、学习提供了良好的阅览条件。

（一）各阅览室位置

报纸阅览室：位于图书馆五楼。

期刊阅览室：位于图书馆四楼。

医学院阅览室：位于医学院教学楼 1-101。

（二）阅览室服务时间

除法定假日外，周一至周日均对读者开放。

开放时间段：8：00—12：00，13：30—21：30。

（三）注意事项

1. 阅览室只对本校师生开放，入室前请到值班老师处刷卡签到。
2. 阅览室的报纸、期刊只提供阅览服务，一律不外借。

四　自修室服务

图书馆自修室主要给师生提供一个良好舒适的阅读环境，我馆自修室配备空调和免费 WiFi，是广大师生自学、阅读的理想场所。

（一）各自修室位置

校本部自修室：位于图书馆四、五楼。

医学院自修室：位于医学院教学楼 1-101。

（二）自修室开放时间

除法定假日外，周一至周日均对读者开放。

校本部 8：00-21：30

开放时间段：医学院 8：00-12：00，13：30-21：30。

（三）注意事项

1. 保持室内安静，不得喧哗、嬉戏。
2. 保持室内整洁，不得乱丢杂物、纸屑，不得随地吐痰。
3. 注意安全，不得占位，离开座位30分钟以上，其他读者可以使用该座位。
4. 自行保管随身携带的学习用具和其他物品。

五 电子资源服务

每张校园一卡通里都有唯一的借阅证号，学生只需记住借阅证号就可以享用电子资源服务。校园一卡通借阅证号查询方式：学生持校园一卡通到图书馆任意借书服务台即可查询。

（一）图书馆微信公众号

图书馆微信公众号是我院图书馆对校内外的宣传窗口。公众号内容主要以新书推荐、图书馆读书活动宣传、读者交互等为主，也可以绑定校园一卡通借阅

图书馆微信公众号

证号进行纸质书目检索、读者阅读记录查询等功能。使用方法：微信二维码扫描关注。

（二）万方

含中文期刊达 11000 种以上。精选全国重点学位授予单位的硕士、博士学位文献以及博士后报告，论文数量达 680 万篇以上。会议论文数量达 750 万篇以上。访问地址：www.wanfangdata.com.cn（校园网内可免费使用）。

（三）汇雅电子书平台

汇雅电子书平台是图书馆收藏的本地电子书资源库，包括各类图书 284834 册。访问地址：http://10.206.47.201:8088（仅限校园网内使用）。

（四）移动图书馆

移动图书馆主要功能：馆藏书目查询、个人纸质图书借阅信息查询与续借、歌德电子书上线图书阅读、28 万多册学校购买的在线电子图书阅读、8700 多万篇报纸（报纸每天实时更新）及部分超星学术视频、使用文献传递到邮箱功能轻松获取学校未购买的文献资源、在线听书、学英语。使用方法如下：请使用手机或平板电脑等移动设备扫描右侧的移动图书馆客户端；在使用移动图书馆之前，须在登录界面选择"娄底职业技术学院"，通过你的校园一卡通借阅证号和密码（证书后六位）登录即可（密码可在学校图书馆在线检索系统中进行更改）。

移动图书馆客户端

（五）歌德电子书借阅机

歌德电子书借阅机能为我校读者提供约 2000 本电子书的免费移动阅读，并每月持续更新。电子书的类别包括：精品推荐、经典名著、生活保障、经管理财、成功励志、小说传记、文学艺术、科学技术、社会法律等。使用方式：通过超星移动图书馆 APP 扫描借阅机上的二维码，即可下载图书。歌德电子书借阅机分置于图书馆、主教学楼、综合楼、医学院教学楼一楼大厅。

（六）金盘图书管理系统在线检索系统

读者可以在该系统中查询相关图书、期刊的库存及自己借书卡的借阅情况（特别提醒大家留意超期公告，查看自己是否有过期未还的情况）。访问方法：http://10.206.47.201（仅限校园网内使用）。

（七）超星学习通

超星学习通是国内第一款基于神经系统原理打造的知识传播与管理分享平台。它利用超星 20 余年来积累的海量的图书、期刊、报纸、视频、原创等资源，集知识管理、课程学习、专题创作为一体，为读者提供一站式学习与工作环境。使用方法如下：请使用手机或平板电脑等移动设备扫描学习通二维码，下载客户端；在登录界面选择"娄底职业技术学院"，通过你的校园一卡通借阅证号和密码（证书后六位）登录即可（密码可在学校图书馆在线检索系统中进行更改）。

超星学习通客户端

（八）超星期刊

（九）其他试用资源

图书馆会不定期地发布一些数字资源供师生试用。发布途径：学校网站和图书馆微信公众号。

第五节

教育阳光平台服务

教育阳光平台服务由网络服务平台和窗口服务平台构成，网络平台集书记信箱、校长信箱、办事指南、政策咨询、信息公开、投诉受理、报修服务等多种功能于一体的，"上下联动、横向协调，便民利民、高效优质"的综合型服务载体。服务窗口位于综合楼102室。

一 网络平台的使用

1. 电脑输入网址 http://fuwu.ldzy.com 或者点击学校官方网站"阳光服务"，打开平台首页。

2. 进入网站后，有"我要咨询""我要建议""我要表扬""我要投诉""我要报修"五个栏目，选择栏目后，按照提示填写内容即可，带"*"符号为必填项目。

3. 提交后会出现弹出界面，显示事项的受理编号，如要了解受理进度和受理结果，可以通过受理编号在首页查询事项中查询。

二 注意事项

1. 信件提交后，受理单位将在规定期限内办复，即一般问题1~3个工作日办复；情况复杂的有可能适当延长，但最长不会超过15个工作日。

2. 相同内容信件请勿重复提交或一信多投，重复提交的事项，如该问题正在受理期内将不再重复受理。

3. 请不要发表任何违反法律，有违道德的言论，对不当言论，我们有权不予公开，严重的将追究当事人责任。

4. 选择不公开的信件内容，我们将不在网站上公开处理结果。

第六节 就业创业服务

一 就业信息服务

（一）就业信息获取

1. 校园网：学生可登录学校就业信息网查询相关信息（学校官网上学校就业创业信息网：http://dzy.bysiy.com.cn）。

2. 学校招生就业处官方微信公众号："娄底职院招生就业在线"。

3. 辅导员、班级 QQ 群、微信群：学校招生就业处将相关就业信息通过"学工在线 QQ 群""学校就业微信群"等平台发至各二级学院和辅导员，学生可从辅导员处获取就业信息。

4. 学校宣传栏：招生就业处通过学校宣传栏、校报、校园广播、班级资料发放等方式，将毕业生招聘信息及时发放到位。

（二）就业信息反馈

为做好毕业生就业的后续服务，保障毕业生权益，要求毕业生将本人的就业情况依实上报给学校。毕业生可通过学校实名制综合服务平台（http://12848.hunbys.com）登记就业信息。登录信息由学生本人在每年 9~12 月在该平台做毕业资格审查时自行网上申请，登录后台，在毕业生就业登记页面登记最近的就业情况。

（三）创业申请

应届毕业生可向学校招生就业处申请创业孵化项目，在提交创业计划书获批通过后，可免费获得学校创业一条街临街门面一年的经营使用权。

二 就业指导服务

（一）毕业生资格审查

每年9~12月，毕业生登录学校实名制综合服务平台（http://12848.hunbys.com），并实名注册个人信息。登录网站后台，在毕业生资格审查页面申请毕业生资格审查，系统显示学籍、身份信息已通过则完成操作。学生填报信息应真实，12月份报湖南省就业信息指导中心。此信息是发放《湖南省普通高等学校就业报到证》及上报就业率的基础数据。

资格审查的填报信息要求有：
（1）姓名用字要准确，不要用同音字。
（2）生源地填户籍所在地，要确认到省、自治区的县级市、县，直辖市的区、县，不清楚的一定要询问清楚。
（3）填报信息与学生本人实际情况一致。

（二）就业报到证办理

《报到证》由原《派遣证》转化而来，是毕业生到就业单位报到的凭证，也是毕业生参加工作时间的初始记载和凭证。毕业生到正规就业单位报到时，须持《报到证》。学校相关部门依据《报到证》为毕业生办理档案投递、组织关系转移和户籍迁移等手续，就业单位所在地公安部门凭《报到证》为毕业生办理落户手续，就业单位凭《报到证》为毕业生办理相关工作手续。

1. 高校毕业生离校前集中办理《报到证》

学校招生就业处按照省教育厅通知做好高校毕业生的报到证办理工作。

步骤如下：

（1）上报：毕业生向学校提交与用人单位签订的就业协议书或劳动合同，或回原籍申请书，学校按省教育厅有关文件，审核毕业生相关就业材料，并在规定的时间段内向湖南省教育厅上传相关数据。

（2）领取：学校在湖南省就业指导中心统一办理并领回本届毕业生就业《报到证》，招生就业处在每年7月份前将《报到证》按班级发放至各二级学院，毕业生领毕业证时在各二级学院领取《报到证》。

2. 报到证改派手续

适用对象：高校毕业生离校后，因工作原因需办理报到证改派手续的毕业生。

办理步骤：

（1）与用人单位签订《就业协议书》或《就业证明》。

（2）在学校招生就业处下载《报到证改派申请表》，找相关部门签字。

（3）到学校招生就业处（综合楼201）开具《介绍信》。

（4）由学生本人持《就业协议书》《介绍信》《毕业证书》和身份证原件在湖南省就业指导中心业务大厅办理。

3.《报到证》遗失补办手续

适用对象：我校全日制大专毕业生、《报到证》自签发之日起一年内遗失的毕业生（2000年以后的毕业生）。（自签发之日起满一年后遗失不予补办，由省级毕业生就业调配部门出具《遗失证明》代替执行《报到证》的功能）

办理步骤：

（1）登报：到公开发行的报社登报声明原《报到证》作废，获取刊登《遗失声明》的报纸；

（2）审核：持本人书写的《补办报到证申请书》、刊登《遗失声明》的报纸到招生就业处审核、盖章，并开具《补办报到证证明》（或《介绍信》）；

（3）补办：持《补办报到证证明》（或《介绍信》）、登有《遗失声明》的报纸、毕业证书和身份证原件在湖南省就业指导中心业务大厅补办新《报到证》（或《遗失证明》）。

（三）毕业生就业资料

（1）毕业生就业推荐表。各二级学院每年11月份到招生就业处统一领取并发放。毕业生推荐表是毕业生填写，由学校推荐到就业单位实习或就业的书面材料，其中推荐表中有"毕业生回执页"需就业单位企业人事处盖章后，于6月份领毕业证时交辅导员处，再由各二级学院统一交学校招生就业处。

（2）就业协议书。各二级学院每年11月份到招生就业处统一领取并发放。就业协议书是毕业生与用人单位达成正式工作意向后签署的具有法律效力的文件。就业协议书一式四份，毕业生、用人单位、学校和省级毕业生就业主管部门各执一份。就业协议书复印无效。毕业生与用人单位签订的就业协议书，经用人单位或者用人单位主管部门签署意见、加盖公章后，于7月份领毕业证时交辅导员处，二级学院统一收取后录入电子表格交学校招生就业处。

（3）升学证明：参加专升本考试被录取的毕业生，须出示本科学校的录取通知书原件，学生将复印件交辅导员处，并由二级学院统一交学校招生就业处一份。

（4）顶岗实习审批表、毕业生登记表、顶岗实习协议、毕业生就业跟踪调查问卷及未就业登记表、毕业生就业市场反馈调查问卷等表格资料，毕业生可到学校就业网（http:ldzy.bysiy.com.cn）自行下载，填写盖章后交辅导员，各二级学院整理好后交学校招生就业处。

（四）毕业生档案

1. 学生毕业生档案在加盖娄底职业技术学院封印章后具有法律效力，除有人事任命权的企事业单位或人才交流中心可以拆封外，任何单位和个人不能私自拆封人事档案。擅自拆封后，人事档案无效。

2. 毕业生没有找到具有人事任命权的企事业单位，无法挂靠人事档案的，可以将人事关系挂靠在湖南省人才交流中心，或挂靠在学生户籍所在地的省、市、县的人才交流中心。

三 就业创业政策服务

本着"及时、精准、全面"的信息公开原则，学校招生就业处将国家、省市关于毕业生就业创业的最新政策，通过学校就业信息网和就业微信公众号等平台在第一时间及时发布。同学们可通过微信公众号"娄底职院招生就业在线"或登录网站 http://ldzy.bysiy.com.cn 进行《教育部就业创业政策 100 问》等最新的就业创业政策查询。

第七节 心理健康服务

学校设有大学生心理健康教育中心（简称大学生心教中心）。大学生心教中心的任务是为全校师生提供心理健康教育、心理咨询等服务，坐落于老培训楼2楼。中心功能齐全、设施完备、管理规范、环境温馨、舒适安全，使用面积182平方米；设有预约等候室、心理测评室、个体咨询室、沙盘治疗室、音乐放松室、心理宣泄室、团体辅导室等七个功能室。

本中心主要通过一系列的心理健康教育宣传和心理咨询活动，帮助同学们了解心理健康知识，优化心理素质，增强心理调适能力和社会生活的适应能力，预防和解决心理问题；帮助同学们处理好环境适应、人际交往、交友恋爱、求职择业、人格发展和情绪调节等方面的困惑，促进个体健康成长。

一 各功能室介绍

1. 预约等候室

主要为有咨询需求的同学提供预约服务，包括当面预约、电话预约及电子邮件预约，同时接待来访同学。墙面上挂有心理咨询老师介绍、心理咨询员守则、来访者须知，配有布艺沙发供来访同学等候，有多种杂志可供来访者翻阅。这里是来访同学温馨、宁静的首站。

2. 心理测评室

主要是通过科学的途径为有需求的同学提供心理测量和评估服务，帮助他们认识、了解自己。心理测评室配有心理测评专用电脑和打印机，安装了心理测评软件，可为同学们提供性格、情绪、心理健康、社会交往、生活满意度等方面的测量服务。

3. 个体咨询室

主要为同学提供面谈咨询服务，即心理咨询老师与来访同学面对面、一对一地交流。咨询室内放有柔软舒适的布艺沙发一套，呈90°摆放，熏香灯一盏，备有面巾纸的茶几，与咨询椅形成温馨的咨询区。

4. 沙盘治疗室

主要是来访者在一个受保护的自由空间内，通过在沙盘中玩沙和沙具，与自己的无意识接触，激发内心积极向上的自愈力，表达超语言的经历，由此治愈心理创伤，激活心灵能量。沙盘治疗室配有沙架2个，沙盘2个，可为学生提供基本的沙盘治疗服务。

5. 音乐放松室

主要是通过舒适的放松躺椅和舒缓的音乐来调节来访者的紧张、焦虑情绪，培养积极的情绪。配有放松躺椅二套，迷你音响一套。

6. 心理宣泄室

主要为有需求的同学提供宣泄情绪、放松心情等服务。心理宣泄室分为呐喊区、击打区、烦恼墙三个区域，还配备了专业心理宣泄人3个、多功能跑步机1台、多项宣泄小器材等。

7. 团体辅导室

主要提供团体心理辅导、心理培训等服务。团体心理辅导室配有多媒体设备和 36 张可移动培训椅，可容纳 30 人以内的团体辅导或培训；团体辅导室还配有 15 条套咨询桌椅，可接待 12 人以内的团体心理咨询。

二 服务项目

（一）心理健康教育

心教中心每学期组织开展心理健康教育活动，针对不同大学生群体的需要开展心理健康专题讲座，学校开设心理健康必修课，编写大学生心理健康宣传小册；指导大学生心理健康协会开展社团活动、组织各种形式的心理健康主题宣传教育活动；利用新媒体如心理健康网站、微信公众号、QQ 等方式进行大学生心理健康知识科普与宣传。

（二）心理咨询

心理咨询是由专业人员即心理咨询师运用心理学以及相关知识，遵循心理学原则，通过各种技术和方法，帮助求助者解决心理问题。

1. 需要心理咨询的人群

（1）生活中遇到重大选择时，犹豫不定者。

（2）学习压力大，无力承受但又不能自行调节者。

（3）初涉世事，对新环境适应困难者。

（4）经受挫折后，精神一蹶不振者。

（5）过分自卑，经常感到心情压抑者。

（6）在社交方面自感有障碍的人（如怯懦、自我封闭等）。

（7）在经历了失恋、单相思情况后，心灵创伤难"自愈"者。

（8）寝室人际关系不和睦，渴望通过指导改善者。

（9）患有某种身体疾病，对此产生心理压力者。

（10）经常厌食和暴食者。

（11）睡眠状态发生改变时的初期失眠者。

（12）轻度性心理障碍者。

2. 心理咨询预约方式

（1）预约电话：0738—8360130。

（2）现场预约：老培训楼二楼#202。

（3）微信公众号：LDZY_PsyHeaEduCenter。

（4）咨询QQ及邮箱：2663430578（2663430578@qq.com）。

心教中心微信公众号

心教中心抖音号

3. 心理咨询流程

预约 ⟶ 填写个案情况登记表 ⟶ 按约定时间心理咨询。

4. 心理咨询地点与开放时间

（1）心理咨询地点：老培训楼205。

（2）心理咨询室开放时间：周一至周五8：00-12：00、14：30-17：30（冬令时）、15：00-18：00（夏令时）。

5. 心理咨询前的准备

第一，积极承担改变的责任。要想获得改变，来访者就要积极主动承担起改变的主要责任。第二，树立强烈改变的愿望。改变自我意味着要打破"旧"习惯建立"新"习惯，这是一个曲折、反复的过程。第三，建立一个现实而合理的咨询期望。切忌急躁，要想获得明显改变可能需要连续多次地咨询。第四，提前预约，熟悉心理咨询基本情况。以相对轻松的心态面对咨询。

6. 首次会谈注意事项

第一，核实会谈的准确日期和时间段，并提前 10 分钟，填写相关表格。迟到 20 分钟以上可视为取消本次会谈。第二，不必为首次会谈作特殊准备。在会谈过程中，客观真实地表现自己即可。第三，首次会谈的主要任务是咨询双方共同商议确定是否继续咨询。如果不能达成咨询协议，则需商议转介事宜。第四，清晰、简要地表达自己的咨询需求比倾诉、寻求建议更加重要、更加合适。

（三）团体辅导

团体辅导是在团体的情境下进行的一种心理辅导形式，它是通过团体内人际交互作用，促使个体在交往中观察、学习、体验、认识自我、探索自我、调整改善与他人的关系，学习新的态度与行为方式，以促进良好的适应与发展的助人过程。

1. 团体辅导类型

新生适应、生涯规划、人际交往、情绪管理、亲密关系、自信心提升等。

2. 团体辅导流程

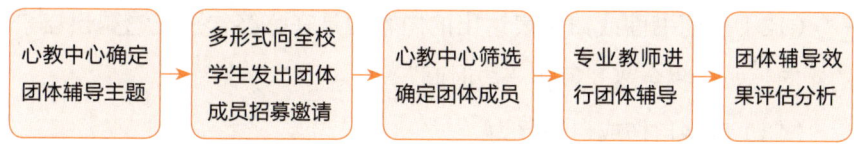

3. 招募方式

宣传海报、QQ 群、微信公众号

（四）心理危机干预

当人承受的压力超过了其应对能力就会出现心理危机。在大多数情况下危机可以在几周内顺利解决，但有时会逐步加重而导致人际关系和学习问题，甚至会使人产生自杀的想法。为解决严重的心理危机，通常需要朋友的支持以及咨询人员或心理医生帮助。

1. 如何识别心理危机

（1）直接表露自己处于痛苦、抑郁、无望或无价情感中。

（2）易激怒，过分依赖，持续不断地悲伤或焦虑。

（3）流泪或想哭。

（4）注意力不集中、成绩下滑、经常缺勤。

（5）孤僻、人际交往明显减少。

（6）无缘无故地生气或与人作对。

（7）酒精的使用量增加。

（8）行为紊乱或古怪。

（9）睡眠、饮食或体重明显增减，过度疲劳。

（10）体质或个人卫生状况下降。

（11）作文、日记或其他发挥想象力的作品所透露出的主题为无望、脱离社会、愤怒、绝望、自杀或者死亡。

（12）任何书面或口头表达出的内容像是在临终告别或透露出自杀的倾向，如"我会离开很长一段时间"。

（13）出现自伤或自杀行为。

2. 如何帮助处于心理危机中的人

（1）向他们表达关心。询问他们目前面临的困难以及困难给他们带来的影响。

（2）多倾听，少说话。给他们一定时间说出内心的感受和担忧。

（3）要有耐心。不要因他们不能很容易与你交谈就轻言放弃。允许谈话中出现沉默，有时重要的信息在沉默之后出现。

（4）不要担心他们会出现强烈的情感反应。情感爆发或哭泣有利于他们的情感得到释放。

（5）保持冷静。要接纳，不做评判。也不要试图说服他们改变自己内心的感受。

（6）给予希望。让他们知道面临的困境能够有所改变。

（7）要留心任何自杀念头，不论他们用什么方式流露。不要害怕询问他们是否考虑自杀，这样不会使他们自杀，反而会挽救他们的生命。

（8）在结束谈话时，要鼓励他们再次与你讨论相关的问题，并且要让他们知道你愿意继续帮助他们。

（9）事先应知道他们可能会拒绝你要提供的帮助。有心理危机的人有时因难以承认他们无法处理自己的问题而加以否认。不要以为他们的拒绝是针对你本人。

（10）如果你发现他们有自杀的危险，不要承诺你会对此保密；千万不要让他们独处，也不要独自扛起帮助他们的责任；请立即联系辅导员老师，与其他人特别是专业人员一起承担帮助他们的责任。

第八节 校园安全服务

一 校园治安、刑事案件和安全事故（件）报案（警）程序

1. 师生员工在校内受到不法侵害或财物受损时，应拨打校内报警电话（0738-8361401）或直接到保卫处值班室报案；在校外受到不法侵害或财物受损时，应及时拨打"110"或到案发地所在公安机关报警求助。

2. 室内财物被盗时，请勿进入现场清点物品或作其他翻动，在报案的同时要保持原样，等待保卫干部或公安人员到现场进行勘察。

3. 电话报案时应当讲明报案人基本情况、案件发生地点和简况以及联系电话。

4. 到保卫处报案时应当书写报案材料。报案人（包括被害人）报案时，应主动向保卫处值班人员如实陈述案（事）件或安全事故状况、经过和时间、地点、证人、证据等，并回答承办人员的提问，配合做好报案事故的笔录（应急情况时应协助公安到现场作笔录）。

二 校园安全提示

（一）防盗

1. 贵重物品要放置带锁的抽屉、橱柜等安全保险的地方，不用时应予以寄存。

2. 平时要养成随手锁门、关窗的习惯，晚上睡觉不要将贵重物品和衣物放于窗前、窗台。

3. 存折、信用卡要加密，平时卡内不要存钱太多，不要与证件共放，丢失后要立即挂失。

4. 遵守宿舍管理规定，不留宿外来人员。保管好寝室钥匙，不轻易借人。

5. 在公共场所，保管好随身携带的挎包、衣物。

6. 发现可疑人员时要提高警惕，加以询问，必要时拨保卫处电话报警。

（二）防骗

校园诈骗作案的主要手段有：收集资料，行骗家长；中断通讯，谎称行骗；求助为名，骗取信任；套取密码，偷梁换柱；假冒身份，借钱行骗；冒充学生，推销诈骗。

学生要做好对校园诈骗的预防就必须提高防范意识，学会自我保护；交友要谨慎，避免以感情代替理智；同学之间要相互沟通，相互帮助；服从校园管理，自觉遵守校纪校规。

（三）防贷

1. 学生应以学业为重，理性消费；不参与、不宣传"校园贷"违规违法活动。

2. 树立科学的消费观，要提高自我保护意识；同学之间要相互提醒，发现情况，及时报告。

3. 保护好个人的身份信息，无论是身份证、学生证还是支付宝、银行卡账户，都不宜随便透露给他人，哪怕是学校的熟人（包括老师、学长、室友等）。

4. 无论在任何场合之下，都要谨慎充当担保人，否则要承担贷款连带责任。

（四）防抢劫

1. 夜间不要单独到昏暗偏僻的地方行走，若非去不可，应结伴而行。
2. 遇见抢劫，要沉着冷静。采取默认方式交出财物，使作案人放松警惕，看准时机向有人、有光的地方跑。
3. 与犯罪分子说笑斗口，巧妙麻痹作案人，看准时机进行反抗或逃脱其控制。如有机会，可以大声呼救，或故意高声说话，引起周围人注意。
4. 如出现危险可以利用有利地形和身边的砖块、木棒等与犯罪分子对峙或攻击，使犯罪分子无法近身。
5. 注意观察，准确记住作案人体态、衣着等特征，并尽可能留下记号，记住逃跑方向后及时报警。

（五）防意外事故

1. 外出须在人行道内行走，没有人行道的靠路边行走，不要几个人并排走，不准在道路上扒车、追车、强行拦车或抛物击车。
2. 穿越马路要走人行横道线、天桥和地下通道，集中注意力，看清来往车辆，不要边走边接打手机或随意招呼出租车。
3. 不坐超载或无证经营的车辆，不催司机开快车。

4. 不携带易燃、易爆等危险物品乘坐公共汽车、出租车和长途汽车。

5. 骑自行车不要载人，超车时注意前后车辆，不骑无牌无证摩托车，不要互相追逐或曲折竞驶。

6. 参加体育锻炼和体力劳动以及教学实验时要提高安全意识，严格规范动作，有特殊体质和特定疾病要告知学校和老师，并办好相关手续。

7. 不违反校规校纪，不私自下河塘游泳、登山。

（六）防火

1. 学生在教室、实验室等场所学习时，要严格遵照各项安全管理规定、操作规程和有关制度；涉及使用易燃、易爆危险品时，一定要注意防火安全规定，按照规定一丝不苟地进行操作。

2. 在宿舍，应自觉遵守宿舍管理规定，不使用大功率电器，不存放危险物品，发现安全隐患及时向宿舍管理人员或有关部门报告。

3. 要爱护消防设施和灭火器材，不能随意移动或挪作他用。

4. 发现火灾后，不要惊慌，迅速撤离到安全区域，拨打电话给保卫处（8361401）和辅导员，保证自身安全的前提下可进行人员疏导和火火处理。

（七）防艾

1. 艾滋病是一种病死率极高的严重传染病，目前还没有治愈的药物和方法，但可以预防。

2. 艾滋病主要通过性接触、血液和母婴三种途径传播。

3. 与艾滋病人及艾滋病毒感染者做日常生活和工作接触不会感染艾滋病毒。

4. 洁身自爱、遵守道德是预防经性途径传染艾滋病的根本措施。

5. 共用注射器吸毒是传播艾滋病的重要途径，因此要拒绝毒品，珍爱生命。

6. 避免不必要的输血和注射，使用经艾滋病毒抗体检测的血液和血液制品。

7. 关心、帮助和不歧视艾滋病人。

（八）防毒

1. 充分认识毒品违法犯罪活动的危害性，加强自身的学习和法律意识修养，培养高尚的情操和伦理道德观念。

2. 积极参加有益健康的文体活动，增强集体观念，培养广泛的兴趣和爱好，避免孤僻的生活方式。

3. 提高对毒品的防御能力，不要结交有吸毒恶习的朋友或听信他们的谗言。

4. 绝不可因好奇而尝试毒品，防止上瘾而难于自拔。

5. 一旦沾染毒品，要积极主动向老师和学校报告，自觉接受学校、家庭及社会有关部门的监督戒除及康复治疗。

第九节 大学生应征入伍服务

学校保卫处设立征兵工作站,为有意向应征入伍的大学生提供政策咨询、应征报名、身体体检、新兵政审等系列服务;为应征入伍的大学生办理保留学籍、学费补偿等相关手续。

一 征兵条件和时间安排

1. 征兵要求

政治要求:热爱中国共产党,热爱社会主义祖国,热爱人民军队,遵纪守法,品德优良。

年龄要求:在校大学生不超过22周岁;专科毕业生不超过23周岁。

身体要求:男性青年身高不低于1.60米,体重不超过标准体重的30%,不低于标准体重的15%;女青年不低于1.58米,不超过标准体重的20%,不低于标准体重的15%。[标准体重=(身高-110)公斤]。右眼视力不低于4.6,左眼视力不低于4.5。

2. 报名时间

第一批集中报名时间从2月1日—6月19日;第二批集中报名时间从6月20日至7月底。

3. 体检时间

每年 6 月份学校组织集中初检，6 月底组织提前批集中体检和政治考核，7 月底组织第二批集中体检。

二　网上兵役登记和征兵报名操作流程

登录全国征兵网（网址：http://www.gfbzb.gov.cn）进行兵役登记和征兵报名。

1. 登录"全国征兵网"，点击"兵役登记"，点击"进行兵役登记"。

2. 点击"注册"，注册"学信网账号"；（已有学信账号的请直接点击登录）。

3. 点击"开始兵役登记"。

4. 填写"个人基本信息"包括上传本人 2 寸免冠照片（红底）。

5. 填写"学业信息""家庭信息""参军信息"；我校所有报名的学生，"应征地"都统一选择"湖南省—娄底市—娄星区—娄底职业技术学院"。

6. 点击"我已阅读兵役登记须知"。

7. 点击"参加本年度应征报名"。

8. 继续操作完成"学费补偿代偿"信息，务必填写完整。完成填写后打印《大学生预征对象登记表》〈含存根〉和《高校学生应征入伍学费补偿国家助学贷款代偿申请表》一式两份，根据表中流程办理相关手续。

三 大学生应征入伍主要优惠条件

1. 所有义务兵在服役期间的优待金发放：2011年开始，从我校征兵入伍的义务兵家庭每户每年可补助优待金13800元，从户口所在地入伍的农村义务兵只有每户每年5000元左右的优待金补助，如到西藏、新疆等艰苦地区服役的义务兵家庭再由当地政府一次性给予10000元奖励。

2. 我校在籍大学生，征兵入伍后可以保留学籍，退役后两年内允许继续复学。对征兵入伍前缴纳的学费和复学后的学费进行补偿，最高每年补偿6000元学费，相当于免费读大学。

3. 每月享受义务兵津贴1000元左右，入伍到边远艰苦地区部队的另有补助。

4. 义务兵退役后可享受退伍金及就业补助约21000元左右。其中包含补贴退伍费、回家差旅费、医疗保险费、1个月的津贴、生活费约5000元左右，退役金9000元左右，自主就业补助金7000元左右。

5. 入伍期间享受部队的伙食、服装、医疗、保险等福利待遇。

6. 批准入伍的士兵可以通过自身的努力在部队转士官，或者报考各类军官、士官学校，也可以提拔为军官。

7. 应征入伍士兵退役后享受政府安置政策。

四 办公地点和咨询电话

办公地点：新培训楼负一楼保卫处办公室。

咨询电话：0738-6791110。

第十节 学生办事指南

一 相关表格下载

首先，输入 http://www.ldzy.com 进入娄底职业技术学院官网，点击"学工在线"，页面的左下载有"资料下载"栏目，点击便可以下载相关表格。

二 办事指南

（一）请假

1. 出勤请假

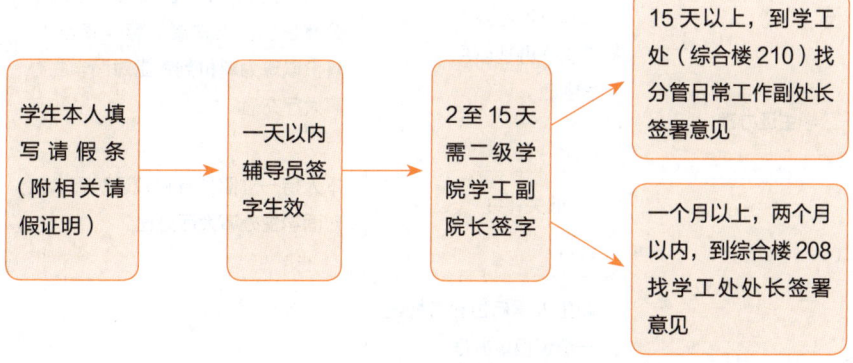

2. 晚就寝请假（白天正常上课，五天以上的晚就寝请假）

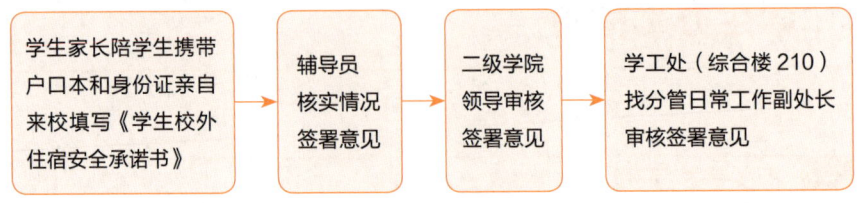

（二）学籍异动（包含转专业、休学、复学、退学）

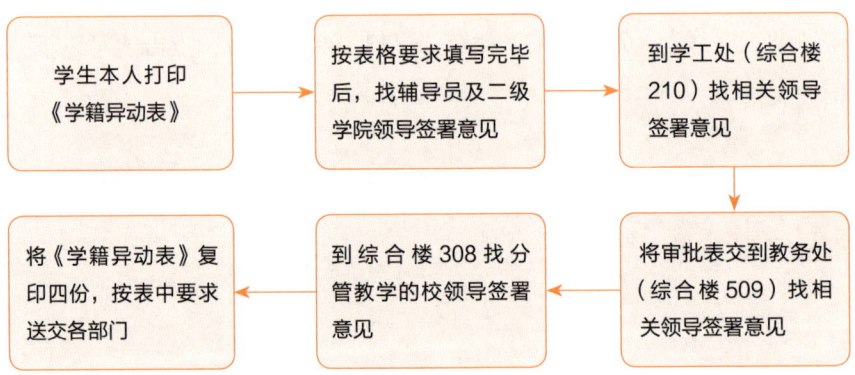

（三）学生证、考籍证办理

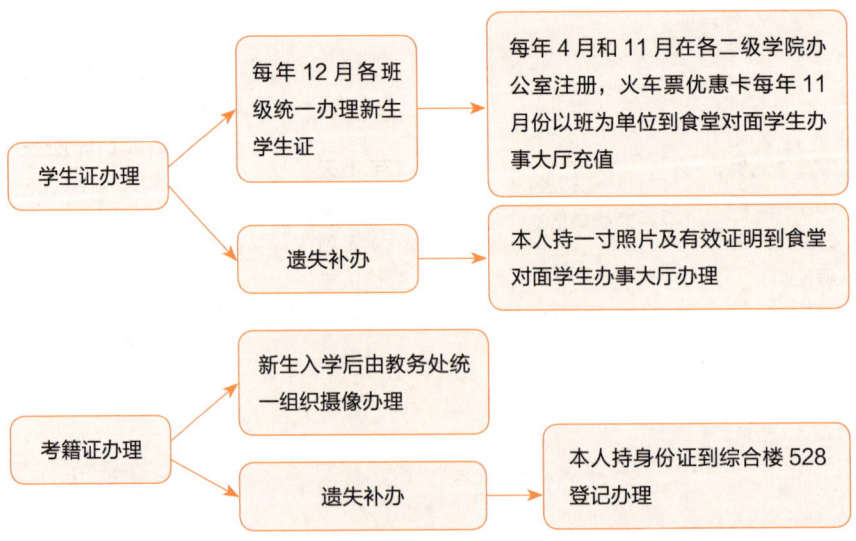

第四章 生活服务

（四）学籍证明、在校证明办理

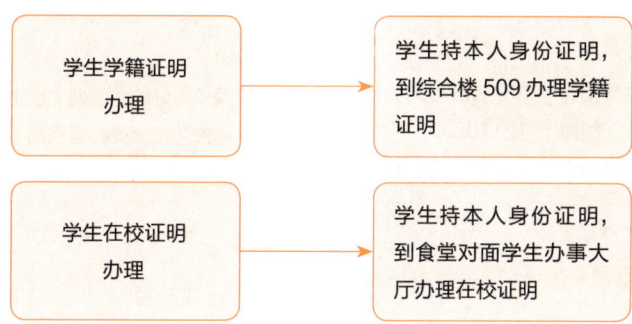

```
┌─────────────┐      ┌──────────────────┐
│  学生学籍证明  │ ───→ │ 学生持本人身份证明， │
│    办理      │      │ 到综合楼509办理学籍 │
│             │      │ 证明              │
└─────────────┘      └──────────────────┘

┌─────────────┐      ┌──────────────────┐
│  学生在校证明  │ ───→ │ 学生持本人身份证明， │
│    办理      │      │ 到食堂对面学生办事大 │
│             │      │ 厅办理在校证明     │
└─────────────┘      └──────────────────┘
```

（五）学生档案资料办理

新生入学报到时，将高考档案（考生材料袋）交于辅导员，辅导员在每年10月底以班为单位清理并做好新生档案移交表，上交二级学院审核并备案后统一上交学生档案室综合楼807 → 辅导员组织学生填写《在籍学生学籍表》，必须用黑色笔以正楷字书写，不得涂改，二级学院审核后统一交学生档案室综合楼807 → 辅导员按学期按时填写《诚信记载表》并保管，二级学院审核盖章，学工处每年抽查填写情况。此表待学生毕业前移交学生档案室

（六）学生保险理赔流程

出险后24小时内，学生报告辅导员，辅导员向学工处关工委进行报备 → 住院治疗或门诊必须是县级以上人民医院（需急救患者可就近治疗）→ 每周一至周五上班时间到后勤服务大楼223办公室办理 → 准备理赔所需资料
1. 本人申请理赔报告（二级学院签字盖章）
2. 治疗期间费用发票（办理了城镇或农村医保的，先在当地的农村医保或城镇医保报销，然后凭复印件加盖已理赔单位的印章后再向保险公司申请理赔）
3. 病历本
4. 医院诊断证明
5. 本人身份证复印件（联系电话）
6. 本人银行卡复印件（注明开户银行）

· 223 ·

（七）心理健康咨询流程

预约
方式1：电话预约 0738-8362229
方式2：QQ预约 1772110890
方式3：现场预约 老培训楼202登记

→

咨询
根据预约好的时间到大学生心教中心个体咨询室接受心理咨询（地址：老培训楼205个体咨询室）

（八）西藏学生免补学费手续办理

由农林、牧渔专业的西藏籍学生填报《免费学生报到回执单》，填好后，由二级学院收齐并汇总交至学工处资助中心老培训楼208

→

学校在收齐全部回执单后，统一邮寄至西藏自治区学生资助管理中心

→

西藏自治区财政将免补学费拨入学校财务，由学校财务统一为免补生缴纳学费，剩余部分发放给学生

（九）学生毕业证领取流程

学生手持《毕业生离校清单》在顶岗实习离校时按清单上的流程办好相关部门手续（教务、学工、财务处除外），以班为单位统一交辅导员保管

→

毕业学生到辅导员处领取该《毕业生离校清单》，按离校清单上的流程办理完相关手续，并在综合楼509领取毕业证

→

学生持《毕业证》原件到综合楼807学生档案室领取毕业生档案

（十）生源地助学贷款手续办理

网上申请：借款学生在（https://sis.cdb.com.cn）进行贷款申请，填写申请资料（首次申贷必须在规定的录入点审核录入），导出并打印《国家开发银行股份有限公司生源地信用助学贷款申请表》

↓

资格认定：学生凭申贷材料到县资助中心领取预约通知单和资格审查表、担保人承诺书，如实填写后到村委会、民政办和中心学校进行资格审查并加盖公章

↓

现场确认：学生及共同借款人（必须是学生的父亲或母亲，孤儿的共同借款人由直系亲属或村干充当）持《国家开发银行股份有限公司生源地信用助学贷款申请表》及其他相关材料（借款学生本人签字的《申请表》一式两份原件、借款学生身份证复印件、共同借款人身份证复印件、录取通知书（或学生证）复印件）到县学生资助管理中心审核

↓

签订合同：县学生资助中心对借款学生材料进行审查，审查通过后与借款学生签订贷款合同（一式四份），并打印贷款《受理证明》（附有"校验码"）交给学生，如"校验码"遗失，回执将无法录入，贷款将不能获得审批

↓

学生报道：学生将贷款《受理证明》（附有"校验码"）报到时交给学校，缓缴学费，学校收集学生贷款《受理证明》后，对贷款学生资格进行审查，审核同意后，进入国家开发银行生源地信用助学贷款信息系统"回执录入"模块，按照学生《受理证明》填写学生欠费、高校账户信息、《受理证明》"校验码"、学号修改信息，生成合同电子回执

↓

发放与支付：开发银行审核完毕后发放贷款，贷款资金由支付宝将资金划至借款学校。贷款金额高于回执金额时，剩余资金保留在学生个人支付宝账户内。学生在完成银行卡绑定后，可提现用于生活费

第十一节 学生事务大厅

学生事务大厅是学校"一切为了学生、为了学生一切"而搭建的集志愿者服务、学生办事服务、易班网薪兑换服务为一体的综合性服务平台。大厅坚持以"方便学生办事、解决学生困难、维护学生权益、促进学生成长成才"为服务宗旨，紧扣"咨询、受理、办理"的服务功能，面向广大学生提供方便、快捷、高效、多元的"一站式"服务。

一 办事服务一览表

序号	所办事项	办事流程
1	学生证补办	学生凭身份证办理，携带1张1寸相片到窗口办理，学生证、乘车优惠卡补办费用每项各500易班网薪（或财务微信缴费5元/项）
2	乘车优惠卡充值	学生携学生证到窗口免费充值（每年寒暑假乘火车优惠4次）
3	在校证明、学籍证明	学生携身份证或学生证到窗口办理
4	学籍异动	学生携学籍异动申请表（转专业班级、休学、退学、复学），先辅导员、二级学院手续办理完毕后，再到窗口办理
5	应征入伍学费补偿	学生登录全国征兵网，在线填写并下载打印学费补偿申请表，到入伍地武装部盖章（退役士兵还需到当地退役军人事务局盖章）；在校生和毕业生入伍需要提供身份证复印件、入伍通知书复印件、学信网在线学籍报告、毕业证复印件；退役复学/士兵需要提供身份证复印件、退役证复印件、学信网在线学籍报告
6	生源地贷款	学生携生源地贷款回执单交窗口

续表

序号	所办事项	办事流程
7	医疗保险、学生平安保险服务	学生因疾病住院的三天内电话报保险公司，出院后将住院发票交窗口
8	其他事项	学校其他相关事项的咨询和办理

二 接励书吧

接励书吧在学生事务大厅内，里面藏有新时代中国特色社会主义思想、国学经典、励志成长等系列书籍，在今天这个时代，人的智力发展在越来越大的程度上取决他是否善于在知识的浩瀚的海洋里辨明方向，是否善于利用知识的仓库——书籍。大学阶段是读书最好的时节，读书可以让人保持思想活力，让人得到智慧启发，让人滋养浩然之气。希望书能成为你我最忠诚的伙伴，激励着娄职学子坚定理想信念，提升自我人生境界，为实现中华民族伟大复兴"中国梦"不懈奋斗。

第十二节 常用网址、微信公众平台

娄底职业技术学院官网

娄底职业技术学院微信公众号

学校招生就业在线微信公众号

学校图书馆微信公众号

学校心教中心微信公众号

校园科普微信公众号

学校学生会微信公众号

学校团委微信公众号